Tatjana Hörnle
Straftheorien

Tatjana Hörnle

Straftheorien

2., überarbeitete Auflage

Mohr Siebeck

Tatjana Hörnle, geboren 1963; Studium der Rechtswissenschaften, Eberhard-Karls-Universität Tübingen, und Criminal Justice, Rutgers State University of New Jersey (M.A. in Criminal Justice); 1998 Promotion und 2003 Habilitation an der Juristischen Fakultät der LMU München; 2003–2009 Lehrstuhl für Strafrecht, Strafprozessrecht und Rechtsphilosophie an der Ruhr-Universität Bochum; seit 2009 Lehrstuhl für Strafrecht, Strafprozessrecht, Rechtsphilosophie und Rechtsvergleichung an der Humboldt-Universität zu Berlin.

ISBN 978-3-16-155578-7

Die Deutsche Nationalbibliothek verzeichnet diese Publikation in der Deutschen Nationalbibliographie; detaillierte bibliographische Daten sind im Internet über *http://dnb.dnb.de* abrufbar.

1. Auflage 2011

© 2017 Mohr Siebeck Tübingen. www.mohr.de

Das Werk einschließlich aller seiner Teile ist urheberrechtlich geschützt. Jede Verwertung außerhalb der engen Grenzen des Urheberrechtsgesetzes ist ohne Zustimmung des Verlags unzulässig und strafbar. Das gilt insbesondere für Vervielfältigungen, Übersetzungen, Mikroverfilmungen und die Einspeicherung und Verarbeitung in elektronischen Systemen.

Das Buch wurde von Gulde Druck in Tübingen aus der Stempel Garamond Antiqua gesetzt, auf alterungsbeständiges Werkdruckpapier gedruckt und von der Buchbinderei Nädele in Nehren gebunden.

Vorwort zur zweiten Auflage

Die Frage, ob es für die Androhung und Verhängung von Kriminalstrafe gute Gründe gibt, begleitet mich, seitdem ich mich wissenschaftlich mit dem Strafrecht in seinen empirischen und rechtsphilosophischen Bezügen beschäftige. In diesem kleinen Buch formuliere ich eine Zwischenbilanz meiner Überlegungen zum Thema Straftheorie. Die Herausgeber und Betreiber von www.enzyklopaedie-rechtsphilosophie.net hatten freundlicherweise gestattet, dass mein zunächst für diese Internetseite verfasster Text auch als Druckwerk erscheinen kann. Für die zweite Auflage habe ich, auch in Reaktion auf neuere Literatur, einige Passagen überarbeitet, insbesondere zu den expressiven Straftheorien und zur Legitimierbarkeit von Kriminalstrafe gegenüber den Bestraften. Meinen Mitarbeitern an der Humboldt-Universität, Rita Vavra, Sascha Holznagel, Johannes Lenzen und Viktor Volkmann, danke ich herzlich für Korrekturen.

Inhaltsverzeichnis

I. Einleitung 1
   1. Die Fragestellung 1
   2. Die Struktur der Untersuchung 3

II. Was ist der Zweck der strafgesetzlichen Normen? 9

III. Sind Strafnormen gegenüber Betroffenen legitim? 13

IV. Welcher Sinn kommt strafgerichtlichen Verurteilungen zu? 17
   1. „Absolute" Theorien 17
      a) Die verbreitete Fokussierung auf „Kant und Hegel" 17
      b) Ansätze, die man als „absolut" bezeichnen könnte 18
   2. Prävention von zukünftigen Straftaten... 22
      a) Spezialprävention 22
      b) Generalprävention............ 26
         aa) Negative Generalprävention 26
         bb) Positive Generalprävention 27
         cc) Fazit 30
   3. Expressive Straftheorien 31

Inhaltsverzeichnis

    a) Normorientierte expressive Straftheorien 31
    b) Personenorientierte expressive Straftheorien: Kommunikation mit dem Täter 34
    c) Personenorientierte expressive Straftheorien: Die Bedeutung des Unwerturteils für das Opfer. 36
    d) Auffangen von Gefühlen der Empörung bei Dritten. 42
    e) Warum Unwerturteil plus Strafübel? .. 43

V. Ist die Verhängung von Kriminalstrafe gegenüber den Bestraften legitim? 47
    1. Notwendigkeit einer Rechtfertigung. ... 47
    2. Einwilligung des Täters durch die Tat ... 50
    3. Anders-Handeln-Können bei der Tat ... 51
    4. Wiedergutmachungspflichten nach der Tat. 53
    5. Gesellschaftsvertragliche Begründungen . 54
    6. Demokratietheoretische Überlegungen .. 55
    7. Loyalitätspflichten und genossene Vorteile. 56

VI. Zusammenfassung: Thesen. 61

Literaturverzeichnis 65

I. Einleitung

1. Die Fragestellung

Der Frage: „Warum Kriminalstrafe?" kann man sich in einer *deskriptiven* Weise nähern. Wer so vorgeht, beschreibt die Praxis staatlichen Strafens aus einer rechts- oder kultursoziologischen Perspektive oder beschäftigt sich mit (sozial-)psychologischen Erklärungen, die die emotionalen, teilweise unbewussten Antriebe entschlüsseln, die hinter gesellschaftlichen und individuellen Strafbedürfnissen stehen. Bedürfnisse, die tiefenpsychologisch und psychoanalytisch zu erklären sind, können Quellen strafrechtlicher Praktiken sein (Haffke 1976; Streng 1980; Morselli 2001). Aus einer religionssoziologischen Sicht können Strafbedürfnisse als Indiz für die tiefe Verankerung religiöser Vorstellungen gewertet werden, die durch Verachtung „sündiger Menschen" als „Feinde Gottes" gekennzeichnet sind (Lüderssen 2010, S. 479).

Deskriptive Ansätze fördern eine distanzierte bis skeptische Einstellung gegenüber der Institution Kriminalstrafe (s. z.B. Kunz 2004). Wer sich der historischen Faktoren und sozialpsychologischen Mechanismen bewusst ist, die hinter Wertungen stehen, ist meist weniger geneigt, diese als unhinterfragbare

Selbstverständlichkeit zu behandeln. Die entscheidende Frage ist dann, ob Strafe *nur* Ausdruck von (möglicherweise atavistischen) Emotionen und/oder *nur* Produkt kontingenter historischer Prozesse und dadurch geprägter Geisteshaltungen ist. Wäre dem so, müsste diese Erkenntnis entweder zu abolitionistischen Forderungen oder zum resignierten Sich-Abfinden mit dem Hässlichen, aber Unvermeidbaren führen. Oder gibt es Rechtfertigungen, die so weit zu überzeugen vermögen, dass man sie nicht als scheinrationale Verhüllungen des Gewachsenen und Irrationalen zu den Akten legen kann? Diese *normative Perspektive* soll im Folgenden zugrunde gelegt werden. Das Ergebnis kann an dieser Stelle schon angedeutet werden: Eine Straftheorie, die einen einfachen Ansatz „aus einem Guss" präsentiert, ist nicht in überzeugender Weise zu begründen. Wenn man jedoch bereit ist, sich auf komplexere Überlegungen einzulassen, ist es möglich, Argumente zu entwickeln, die *insgesamt* die Notwendigkeit und Legitimität von staatlicher Strafe hinreichend begründen (anders Lüderssen 1995, S. 387ff.).

Die folgende Abhandlung beschränkt sich auf die Institution der Kriminalstrafe, während die Berechtigung eines „zweispurigen Systems", das auch Maßregeln der Besserung und Sicherung vorsieht, ausgeblendet bleibt. Der Schwerpunkt liegt bei einer normativen Betrachtungsweise und nicht bei rechtstatsächlichen Umständen, die Untersuchungsgegenstand der Kriminologie sind. Zwar ist auch bei der Beschäftigung mit

I. Einleitung

Straftheorien die Frage nach den Wirkungen von Sanktionen unvermeidbar, darauf kann aber nur kursorisch eingegangen werden.

2. Die Struktur der Untersuchung

In der deutschen Strafrechtswissenschaft ist die Aufteilung in sog. „absolute" und „relative" Straftheorien verbreitet. Überblicksaufsätze und Lehrbücher arbeiten oft mit diesem Schema (Momsen/Rackow 2004; Frister 2015, S. 18 ff.; Rengier 2016, S. 10 ff.; krit. Hörnle 2011; Roxin 2015). Die Zweiteilung in „relative" und „absolute" Straftheorien vermag allerdings schon deshalb nicht zu überzeugen, weil nicht geklärt ist, was das „Absolute" einer Theorie ausmacht. Es überzeugt nicht, alle Begründungen als „absolut" zu bezeichnen, die nicht auf das Ziel „Prävention von Straftaten" setzen. Damit wird übersehen, dass es neben dem Anliegen der Deliktsprävention weitere rationale, an Allgemein- und Individualinteressen ausgerichtete Begründungen für Kriminalstrafe gibt. Diese passen besser unter die Überschrift „expressive Straftheorien" (s. S. 31 ff.) als unter das Etikett „absolut" (s. auch Hassemer/Neumann 2013, Vor § 1 Rn. 105).

Außerdem ist die allgemein formulierte Frage nach *dem* Zweck der Strafe ungeeignet, einer Untersuchung sinnvolle Form zu geben. Vielmehr ist es erforderlich, sie in Einzelfragen aufzufächern, um zu verhindern, dass Ausführungen zum „Sinn der Strafe" gemacht werden, die nur Teilaspekte betreffen. Zu unterscheiden ist zum einen zwischen dem Eingriff, der bereits im Strafgesetz steckt, und dem Eingriff, der in der Verhängung einer Strafe liegt (Greco 2009, S. 228 f.). Zum anderen ist zu differenzieren zwischen den Fragen: „*Soll* der Staat Strafen androhen und verhängen? Gibt es in Anbetracht der finanziellen Lasten für die Allgemeinheit überzeugende Gründe, die Praxis staatlichen Strafens aufrechtzuerhalten?" und „*Darf* es in Anbetracht dessen, was den dadurch belasteten Personen zugemutet wird, strafrechtliche Verbote und strafgerichtliche Verurteilungen geben?". Kriminalstrafe ist sowohl gegenüber der Gesellschaft als auch gegenüber dem Straftäter zu rechtfertigen (Pérez-Barbera 2014, S. 507). Auf diese unterschiedlichen Dimensionen des Projekts „Rechtfertigung von Strafe" ist differenzierend einzugehen, was in straftheoretischen Abhandlungen nicht immer geschieht. Unterschiedliche Fragen bedingen unterschiedliche Antworten. Wer dagegen nach einer einheitlichen Formel für *die* Straftheorie sucht (für „axiologische Geschlossenheit" Pawlik 2004a, S. 53), geht explizit oder implizit davon aus, dass Überlegungen zur *Begrenzung* staatlicher Eingriffe den Überlegungen zur *Begründung* dieser Maßnahmen entsprechen müssten (so etwa Kaufmann 1967, S. 555 f.). Diese Annahme ist jedoch falsch (Greco 2009, S. 248 f.). Vielmehr setzt eine umfassende Begründung staatlicher Zwangseingriffe voraus, offensichtlich konträren Interessenlagen gerecht zu werden. Es kann nicht genügen, nur auf die Interessen aller

I. Einleitung

oder einiger vom Eingriff Profitierender zu verweisen, sondern es muss auch gegenüber denjenigen, die gegen ihren Willen Eingriffsadressat werden, begründet werden, warum *sie* ausgewählt, warum *sie* für die Verfolgung der Interessen anderer zuständig sein sollen (Schünemann 1998, S. 114; Frisch 1998, S. 142; Neumann 1998, S. 150). Umgekehrt gilt, dass Argumente zur Zuständigkeit der Eingriffsadressaten nur eine notwendige, aber keine hinreichende Begründung sind (Schünemann 2002, S. 330). Sie können nicht begründen, warum die Allgemeinheit die Kosten zur Unterhaltung eines Strafjustizsystems auf sich nehmen sollte. Diese Kosten sind in rechtsstaatlichen Systemen, die einen hohen Grad an Professionalität und Kontrollmechanismen erfordern, beträchtlich, und nur vertretbar, wenn auf einen Nutzen für die Allgemeinheit verwiesen werden kann. Es wäre schon deshalb nicht überzeugend, präventive Effekte von Kriminalstrafe nur als unbedeutende Sekundär- und Begleitphänomene einzuordnen (so aber Frisch 1998, S. 140 f., 144 f.; Walter 2011, S. 645).

Die Frage nach dem „Sinn der Strafe" ist in folgende Teilfragen zu präzisieren:

1. Was ist der Zweck der strafgesetzlichen Normen? (S. 9 ff.)

2. Sind Strafnormen gegenüber Betroffenen legitim? (S. 13 ff.)

3. Welcher Sinn kommt strafgerichtlichen Verurteilungen zu? (S. 17 ff.)

4. Ist die Verhängung von Kriminalstrafe gegenüber den Bestraften legitim? (S. 47 ff.)

Erschöpfend ist das Thema „staatliche Strafe" damit nicht abgehandelt. Es bleibt die fünfte Frage, wie Strafe ausfallen soll. Hier wären die Grundsätze zu begründen, die für die Art der Sanktionen, die Strafzumessung und die Gestaltung des Vollzugs leitend sein sollen. Im Hinblick auf den beschränkten Raum konzentriert sich meine Abhandlung auf die vier Punkte, die die Straftheorie im engeren Sinn betreffen. Strafzumessung und Vollstreckung sind davon getrennt zu erörtern. Zwar wird häufig mindestens implizit angenommen, dass die Wahl der straftheoretischen Argumente die Leitlinien für die Strafzumessungstheorie präjudiziere. Diese Annahme liegt etwa der These zugrunde, dass negative Generalprävention nicht in die Straftheorie integriert werden könne, weil sich hieraus für die Strafzumessung Folgeprobleme ergeben würden (Jakobs 1991, 1. Abschn. Rn. 29 ff.; Köhler 1997, S. 44; Pawlik 2004b, S. 218; Momsen/Rackow 2004, S. 337), oder dass die Theorie der positiven Generalprävention abzulehnen sei, weil sie keine Orientierung für Art und Höhe der Strafe erlaube (Frisch 1998, S. 134 ff.). Die These, dass Strafzumessungsregeln aus der Straftheorie im engeren Sinne abzuleiten seien, ist jedoch nicht überzeugend. Das einzelfallbezogene Unwerturteil kann und muss anderen Regeln folgen als die Begründung dafür, dass es gesetzliche Strafandrohungen und eine Praxis des staatlichen Strafens geben sollte (s. zu der Differenzierung zwischen der

I. Einleitung

Rechtfertigung der Existenz einer Institution und der Rechtfertigung von Organisations- und Verteilungsregeln gegenüber denjenigen, die vom Betrieb der Institution persönlich betroffen sind, Hart 1968, S. 3 ff.; Hoerster 1970, S. 278; Ashworth 1998, S. 67 f.; von Hirsch 2005, S. 45).

II. Was ist der Zweck der strafgesetzlichen Normen?

Es lässt sich schwerlich bestreiten, dass Strafgesetze einem Zweck dienen: dem Zweck der Kommunikation. Zu erörtern ist allein, wer der Adressat und was der Inhalt der Botschaft in Strafgesetzen ist. Zwei Erklärungen sind vorstellbar. Einem minimalistischen Ansatz zufolge enthalten Strafgesetze *nur* eine Ermächtigung und Anweisung für die Strafverfolgungsbehörden. Die alternative Erklärung sieht in ihnen (auch) eine Botschaft an diejenigen, die der Strafgewalt des Staates unterworfen sind. Die erste Position wird teilweise Hobbes zugeschrieben (so Byrd/Hruschka 2007, S. 961), was aber zweifelhaft ist, weil Hobbes zwar als Adressaten der Strafgesetze nur die „öffentlichen Diener" nennt (Hobbes 1651, S. 239), zuvor aber explizit alle bürgerlichen Gesetze als Befehle an die Bürger und als verhaltensregulierende Regeln bezeichnet (Hobbes 1651, S. 228). Ein minimalistischer Ansatz ist in einem zeitgenössischen Rechts- und Verfassungsstaat unpassend. Insbesondere wäre das Rückwirkungsverbot (Art. 103 Abs. 2 GG) nicht verständlich, wenn Strafgesetze lediglich als Ermächtigungen im Verhältnis von Exekutive und Legislative zu verstehen wären. Die Informationen, die in Strafgesetzen stecken, richten sich vielmehr auch an die davon (potentiell) betroffenen natürlichen Personen, die den Regulierungsansprüchen unterliegen.

Umstritten ist, ob Strafnormen auf Imperativen basieren (dazu Binding 1916, S. 42 ff.; Kelsen 1934, S. 22 ff.; Hoyer 1996, S. 43 ff.; s. zu der normtheoretischen Auseinandersetzung Renzikowski 2001). Dagegen könnte vorgebracht werden, dass in einem freiheitlichen Staat Konzepte wie „Befehle" und „Pflicht zum Gehorsam gegenüber dem Staat" (s. zu solchen Vorstellungen Binding 1916, S. 42 ff.) problematisch sind. Hieraus folgt allerdings nicht, dass Strafnormen keine kommunikative Funktion zukommt. Sie sind als Appell oder als Aufforderung zu verstehen, sich normkonform zu verhalten. Strafgesetze drücken formal und öffentlich zentrale Werte der Gemeinschaft aus und geben Personen gute Gründe dafür, sich in bestimmter Weise zu verhalten (Duff 1998, S. 184 ff.; krit. zu solchen Vorstellungen Greco 2009, S. 398 ff.). Bei entsprechend disponierten Normadressaten spielen nicht nur die Drohung und die Erwartung möglicher Strafverfolgung eine Rolle, sondern es kann bereits die Verkündung des Gesetzgebers, dass das beschriebene Verhalten illegal sei, verhaltenssteuernd wirken.

Unabhängig davon, ob man von der Existenz primärer Verhaltensnormen ausgeht, ist anzunehmen, dass jedenfalls die Sanktionsnormen verhaltenslenkend wirken sollen. Hierfür ist der Begriff Androhungsgeneralprävention gebräuchlich; dahinter steht die Vorstellung, dass Strafankündigungen abschreckend wirken. Das Konzept der Androhungsgeneral-

II. Was ist der Zweck der strafgesetzlichen Normen?

prävention ist in der Geschichte der Straftheorie fest verankert. Es findet sich etwa als selbstverständlich vorausgesetzte Prämisse bei Kant, der im Abschnitt zum Notrecht in der „Metaphysik der Sitten", 1797, ausführt, dass ein Strafgesetz „beabsichtigte Wirkung" (Kant, S. 343) habe, was nur als Verweis auf die abschreckende Wirkung (bei Kant: der Todesstrafe) verstanden werden kann. Ausführliche Überlegungen dazu, dass es zur Verhinderung von Rechtsverletzungen eines psychologischen Zwanges bedarf, stellen im 19. Jahrhundert z. B. P. J. A. Feuerbach und Schopenhauer an (Feuerbach 1847, §§ 12 ff.; Schopenhauer 1819, S. 433 f., dort S. 435 auch Verweise auf ältere Quellen; zu Schopenhauers Straftheorie Hoerster 1972 und Küpper 1990).

Wie bei jedem folgenorientierten Konzept ist auch für Androhungsgeneralprävention zu klären, ob die Annahmen über menschliches Verhalten überzeugend sind und ob erwartete Effekte tatsächlich eintreten. Es ist nicht einfach, die Wirkung der Strafgesetze von den präventiven Wirkungen zu isolieren, die auf strafgerichtliche Verurteilungen zurückzuführen sind. Eine Messung wäre nur möglich, solange es bei einem (neugeschaffenen) Gesetz noch keine Verurteilungen gibt. Bei etablierten Gesetzen sind Überlagerungen in Rechnung zu stellen. Der Frage nach dem Nachweis kann hier nicht umfassend nachgegangen werden. Es muss genügen, darauf zu verweisen, dass *in beschränktem Umfang* eine verhaltensbeeinflussende Wirkung schon von den Strafgesetzen zu erwarten ist

(Hoerster 1970, S. 272 f.; Schmidhäuser 1971, S. 88 ff.; Koriath 2004, S. 69; Kuhlen 1998, S. 58; Weigend 1999, S. 933; Greco 2009, S. 364 ff.). Natürlich wäre die Annahme wenig plausibel, dass menschliches Verhalten exklusiv oder primär durch Strafgesetze beeinflusst werde. Verhaltensdispositionen und Wertvorstellungen werden wesentlich durch andere Faktoren geprägt und abweichendes Verhalten durch nichtrechtliche soziale Kontrolle reguliert (Stratenwerth 1995, S. 9; Hassemer 2000, S. 207). Trotzdem ist davon auszugehen, dass *innerhalb* des so vorgeprägten Rahmens Strafdrohungen den Ausschlag geben können. Aus der Tatsache, dass Strafgesetze oft missachtet werden, ist nicht abzuleiten, dass gesetzliche Strafandrohungen *stets* wirkungslos sind. Es gibt Situationen, in denen die Persönlichkeitsstruktur des Erwägenden und die konkreten Umstände Spielraum für eine abwägende Entscheidung lassen, die auch das Sanktionsrisiko einschließt.

III. Sind Strafnormen gegenüber Betroffenen legitim?

Anders als bei der Verhängung von Kriminalstrafen, die gegenüber den verurteilten Gesetzesbrechern zu rechtfertigen sind, steht an dieser Stelle eine andere Gruppe im Vordergrund: die normtreuen Personen. Zwar wird durch die Verhaltensnorm nicht belastet, wer an dem beschriebenen Verhalten prinzipiell nicht interessiert ist. Aber diejenigen, die tatsächlich ihr Verhalten dem Strafgesetz anpassen, werden durch die gesetzliche Norm eingeschränkt. Ihnen gegenüber gilt es, dies zu rechtfertigen. Hier besteht eine durchlässige Stelle zwischen Kriminalisierungstheorie einerseits und Straftheorie andererseits. Nur wenn aufgezeigt werden kann, dass es legitim ist, individuelle Handlungsfreiheit einzuschränken, sind Verhaltensnormen gerechtfertigt (nach meiner Auffassung: mit Verweis auf die Rechte anderer, s. Hörnle 2005, S. 65 ff.; s. zum gängigen Verweis auf Rechtsgüterschutz Engländer 2015; Kudlich 2015).

Zu klären bleibt, wie es sich mit der Sanktionsnorm verhält. Es könnte in Frage gestellt werden, ob ein nicht nur Appelle, sondern auch Strafandrohungen vorsehendes Gesetz auf einem angemessenen Verständnis des Verhältnisses von Staat und Bürger beruht. Dass diese Strafandrohung sich an die Allgemeinheit wendet und niemanden persönlich aus der Masse heraushebt, genügt nicht als Antwort (a. A. Leyendecker 2002, S. 82). Das Wort „Drohung" weckt Bedenken (Hassemer 2009, S. 108), und zwar Bedenken, die sich nicht nur auf die Gruppe der potentiell Tatgeneigten beziehen, sondern auf die Gesamtheit aller, die der Strafgewalt unterliegen. Trifft Hegels Einwand zu, dass Menschen wie Hunde, gegen die man den Stock erhebe, behandelt würden (Hegel 1821, Zusatz zu § 99; Duff 1998, S. 184 f.)? Ist Androhungsgeneralprävention zwangsläufig „krude" und „Einschüchterung" (so Hassemer 2000, S. 208 f.; ders. 1998, S. 34)? Eine bejahende Antwort konzentriert sich ausschließlich auf den Begriff „Drohung". Die Bedeutung von Sanktionsnormen ist jedoch nicht zwingend an die Bezeichnung als „Androhungsgeneralprävention" gekoppelt. Zu einem modernen Rechtsstaat, der nicht auf dem Gedanken eines Machtungleichgewichts zwischen „Obrigkeit" und „Untertanen" beruht, passt an sich besser die Bezeichnung „Ankündigung von Sanktionen".

Solche Ankündigungen fungieren als Anreize, die innerhalb komplexerer Entscheidungsmechanismen eine Rolle spielen. Anders als bei Tieren, bei denen Verhaltenssteuerung nur mittels eines feststehenden Reiz-Reaktion-Mechanismus' möglich ist, kann bei menschlichen Akteuren mehr unterstellt werden. Entscheidend ist erstens, dass Menschen (in der Regel) die Sinnhaftigkeit der zugrunde liegenden Verhaltensanforderung nachvollziehen können und zweitens, dass

III. Sind Strafnormen gegenüber Betroffenen legitim?

auch Klugheitsregeln als *Gründe* verstanden werden können (Greco 2009, S. 379 ff.; ähnlich Kuhlen 1998, S. 60 f.). In persönlichen Interaktionen zwischen zwei Individuen mag der Einschluss von Klugheitsregeln unter Umständen als unaufrichtige, unethische Manipulation erscheinen. Hieraus ist aber entgegen Duff (Duff 1998, S. 185) nicht abzuleiten, dass der Staat die in Normen gegossene Kommunikation an den hohen moralischen Ansprüchen für einen mitmenschlichen Umgang ausrichten muss. Pragmatischere Standards, die *sowohl* moralische Ansprechbarkeit *als auch* die Neigung zur Vermeidung von Nachteilen voraussetzen, sind insoweit nicht verwerflich.

IV. Welcher Sinn kommt strafgerichtlichen Verurteilungen zu?

1. „Absolute" Theorien

a) Die verbreitete Fokussierung auf „Kant und Hegel"

Was ist gemeint, wenn auf eine „absolute" Straftheorie verwiesen wird? Wer diesen Begriff verwendet, denkt darüber meist nicht intensiv nach. Es sind in der Regel diejenigen, die den Sinn strafgerichtlicher Verurteilungen in der Prävention zukünftiger Straftaten sehen, die die Gegenposition „absolute Theorie" nennen und damit alle Argumente zusammenfassen, die *nicht* auf Generalprävention oder die Beeinflussung des Täters (Spezialprävention) setzen. Hinzu kommt ein weiteres Problem, nämlich die in Deutschland verbreitete Gleichsetzung von „absoluter Straftheorie" mit Kant und Hegel. Die Konzentration auf historische Texte (s. z.B. Schild 2003; Wilms 2005) führt dazu, dass analytische Arbeit vernachlässigt wird. Vor allem verkennt diese Vorgehensweise, dass aus der Perspektive des ausgehenden 18. und beginnenden 19. Jahrhunderts die Rechtfertigung von Grundrechtseingriffen und die daraus resultierende Last bei der Rechtfertigung des

Strafjustizsystems nicht im Vordergrund standen. Strafbegründung muss heute aber innerhalb der Prämissen unserer Verfassung stattfinden (Rössner 2001, S. 978; Gärditz 2010, S. 346ff.; Kaspar 2014, S. 134ff.). Anstatt den ausgetretenen Pfaden zu folgen, die zu Textpassagen vor allem aus Kants „Metaphysik der Sitten" und Hegels „Grundlinien der Philosophie des Rechts" führen, ist zu analysieren, welche Überlegungen als „absolute Begründungen" eingeordnet werden könnten und ob diese überzeugen.

b) Ansätze, die man als „absolut" bezeichnen könnte

Erstens könnte schon der Anspruch, dass der Sinn einer strafgerichtlichen Verurteilung *begründet* werden müsse, zurückgewiesen werden. Maurachs bekannte Formel von der „zweckgelösten Majestät" der Vergeltungsstrafe (Maurach 1971, S. 77) könnte so verstanden werden – Majestäten unterliegen gegenüber ihren Untertanen keinen Begründungspflichten. Die Behauptung fehlender Begründungsnotwendigkeit ist jedoch in einem modernen Rechtsstaat nicht ernsthaft zu vertreten. Dies gilt zum einen, weil die Verhängung von Kriminalstrafe ein sehr erheblicher Grundrechtseingriff ist, sowohl wegen des sozialethischen Unwerturteils als auch durch die Auswirkungen für Freiheit oder Vermögen. Zum anderen ist die Ausgabe großer Summen für die Kriminaljustiz gegenüber der Gemeinschaft der Steuerzahler in rationaler Weise zu begründen. Dieselben Einwände treffen die *zweite*,

IV. Sinn strafgerichtlicher Verurteilungen?

mit der ersten verwandte Variante, die sich aus der Formulierung „zweckgelöst" ergibt. Es kann nicht der Verweis darauf genügen, dass es eine intrinsisch gute moralische Handlung sei, Übeltaten zu bestrafen (so Moore 1997, S. 159 ff.). Damit wird verkannt, dass Grundrechtseingriffe zu legitimieren sind, wofür die Angabe „intrinsisch gut" nicht ausreichen kann, sondern ein Zweck anzugeben ist (Frisch 2000, S. 275; Freund 2009, S. 2; Hassemer 2009, S. 94; Kaspar 2014, S. 134 ff.). Dasselbe gilt für die Rechtfertigung von Staatsausgaben, die nicht mehr nach dem Belieben eines absoluten Herrschers getätigt werden können. Die Thesen „es muss nicht begründet werden" oder „Strafe muss keinem Zweck dienen" sind umstandslos zu verwerfen.

Der Notwendigkeit, einen Zweck anzugeben, ist nicht (*dritte* mögliche Variante einer „absoluten Straftheorie") mit dem Verweis Rechnung zu tragen, dass Strafe *Schuld vergelten* sollte. Umstritten ist, ob Kant eine solche Aussage trifft. Es liegt nahe, die Passage, die mit dem Satz beginnt „Richterliche Strafe … kann niemals bloß als Mittel, ein anderes Gute zu befördern, für den Verbrecher selbst oder für die bürgerliche Gesellschaft, sondern muß jederzeit nur darum wider ihn verhängt werden, weil er verbrochen hat" (Kant 1797, S. 453), als Bekenntnis zu einer Vergeltungsstrafe zu verstehen (zu der gängigen Einordnung z. B. Klug 1968; Becchi 2002, S. 552 ff.). Betont man das Wort „bloß", ist aber auch die Auslegung möglich, dass Kant lediglich *pure* Nützlichkeitserwägungen ausschließen wollte (Mosbacher 2004, S. 219). Nach einer ähnlichen Lesart verweist Kant auf den Grundsatz „keine Strafe ohne Gesetz" und das Legalitätsprinzip (Byrd/Hruschka 2007, S. 960ff.). Kants Werk liefert Anknüpfungspunkte für unterschiedliche, jeweils durchaus plausible Interpretationen (Greco 2009, S. 73 ff.). Dieser Auslegungsstreit kann hier dahinstehen. Festzuhalten ist für unsere Zwecke, dass mit dem simplen Bezug auf Vergeltung nicht zu begründen ist, *warum* auf eine (wie auch immer verstandene) persönliche Schuld Strafe folgen muss. Dass mit Strafe auf ein in der Vergangenheit liegendes, zu tadelndes Geschehen reagiert wird, gehört zum Begriff der Strafe (Schmidhäuser 1971, S. 44; Neumann/Schroth 1980, S. 6; Neumann 2007, S. 438). Aber mit dem Verweis auf Vergeltung ist die Frage nach dem „Warum" nicht zu beantworten.

Eine *vierte* Variante des Versuchs, eine „absolute" Straftheorie zu beschreiben, könnte darauf pochen, dass es gelte, „der Gerechtigkeit zum Siege zu verhelfen" (Formulierung bei Pawlik 2004a, S. 12). Aber auch diese Überlegung vermag nicht zu überzeugen. Gerechtigkeit verweist auf bestimmte Modi der Verteilung (von Gütern und immateriellen Vorteilen wie von Nachteilen). Gerechtigkeit kann oder soll zum Leitkriterium werden, wenn über das *Wie* einer Verteilung zu entscheiden ist, was aber voraussetzt, *dass* die Grundsatzentscheidung, etwas verteilen zu wollen oder zu müssen, bereits getroffen wurde (Pawlik 2004a, S. 56).

IV. Sinn strafgerichtlicher Verurteilungen?

Eine *fünfte* mögliche Version einer „absoluten" Straftheorie bringt vor, dass mit Strafe ein Zweck verfolgt werde – aber kein in weltlichen Gedankengebäuden verortbarer, sondern ein Zweck, der (nur) auf der Basis von religiösen Überzeugungen nachvollzogen werden könnte. Es können sich unterschiedliche Argumente aus christlichen oder anderen religiösen Lehren ergeben. Zum einen wäre bei Vorstellungen anzusetzen, die Gott (oder Göttern oder anderen den Menschen übergeordneten Wesen) ein Interesse an menschlichen Angelegenheiten zuschreiben, und zwar ein Interesse, das sich auch auf die Sanktionierung von Übertretungen erstreckt. Die Vorstellung eines alttestamentarischen strafenden Gottes oder eines zu erwartenden Jüngsten Gerichts ließe sich heranziehen, um zu fordern, dass irdische Regeln parallel dazu ausgerichtet werden müssten. Dabei drängt sich allerdings der Einwand auf, dass eine Verdoppelung von Reaktionen erklärungsbedürftig wäre. Zum anderen könnten neutestamentarisch geprägte Vorstellungen von *Sühne* als Eigenleistung des Christen entwickelt werden, etwa darauf verweisend, dass Leiden durch Strafe eine christliche Tugend sei und sittlichen Wert habe (Pius II 1987, S. 221 f.). Sieht man die Gottesrolle weniger als strafende denn als Gnade gewährende, könnte man auch darauf abstellen, dass weltliche Strafen dem Täter im Jenseits den Zugang zu voller Gnade eröffnen würden (Weitzel 2007, S. 32).

Es ist nicht erforderlich, dies im Detail auszuarbeiten. Denn wie auch immer die theologischen Anknüpfungspunkte beschaffen sind: Wenn man zu einer rechtlichen Perspektive wechselt, werfen sie unüberwindbare Probleme auf (Neumann/Schroth 1980, S. 14f.). Die in einem Rechts- und Verfassungsstaat erforderlichen Grundstrukturen ziehen straftheoretischen Konzepten Grenzen. Zu diesen Grundstrukturen gehören Anforderungen an die Art und Weise der Begründung: Diese muss unabhängig von Glaubensinhalten sein. Inwieweit Staatsorgane generell, etwa auch bei Organisationsentscheidungen und Leistungsgewährungen, davon absehen *müssen*, religiöse Prämissen in Begründungen zu übernehmen (s. zu Begründungsneutralität Huster 2002, S. 98ff.), kann für unsere Zwecke dahinstehen. Jedenfalls können Grundrechtseingriffe nicht mit dem Willen Gottes oder dem Schicksal der Betroffenen im Jenseits legitimiert werden.

2. Prävention von zukünftigen Straftaten

a) Spezialprävention

Eine spezialpräventive Rechtfertigung von Strafverhängungen nimmt an, dass durch Strafe das zukünftige Legalverhalten der Täter in vorteilhafter Weise zu beeinflussen sei. Vorstellbar ist ein solcher Effekt durch die abschreckende Wirkung der Strafverhängung und Strafvollstreckung (Individualabschreckung), durch gezielte therapeutische Intervention

IV. Sinn strafgerichtlicher Verurteilungen?

(Stichwort: Besserung) oder durch die Beschränkung der Möglichkeit zukünftiger Tatbegehung (Stichwort: Unschädlichmachung, s. von Liszt 1883 und zu dessen Marburger Programm Naucke 1982). Beschäftigt man sich damit, ob auf diese Weise die Existenz und die Tätigkeit der Strafjustiz aus der Perspektive der Allgemeinheit sinnvoll zu begründen ist, stellen sich folgende Fragen: Sind die behaupteten Wirkungszusammenhänge empirisch nachzuweisen? Und: Sind Effekte in einer Größenordnung zu erwarten, die es rechtfertigen, ein kostenintensives Strafjustizsystem zu unterhalten?

Individualabschreckung ist nur zu beurteilen, wenn Vergleiche angestellt werden: zwischen Personen, gegen die Kriminalstrafe verhängt wurde, und solchen in ähnlicher Ausgangslage, die vom Strafjustizsystem nicht erfasst wurden. Soweit es hierzu Befunde gibt, fallen diese negativ aus: Die Tatsache, strafgerichtlich verurteilt worden zu sein, scheint sich nicht messbar günstig auf die Rückfallwahrscheinlichkeit auszuwirken (s. zur Austauschbarkeit von Sanktionen Streng 2007). Geringfügig optimistischer fallen zeitgenössische Angaben zur Resozialisierung durch spezialisierte Behandlungsmaßnahmen aus. Das vor einigen Jahren geprägte, pessimistische Schlagwort „nothing works" ist vermutlich zu undifferenziert: Interventionen, die auf Zielgruppen zugeschnitten sind, können unter Umständen bescheidene Erfolge vorweisen (Dölling 2003, S. 606; s. zu sozialtherapeutischen Interventionen auch Niemz 2015). Die Erfolgsaussichten sind allerdings vom Alter des zu Sozialisierenden und der sozialen Nähe der Beteiligten abhängig (Rössner 2001, S. 978). Die Annahme, dass staatliche Organe bei erwachsenen Personen nicht nur manchmal unter günstigen Umständen, sondern mit größerer Regelmäßigkeit stabile Verhaltensänderungen bewirken könnten, ist deshalb selbst dann fragwürdig, wenn die zu Resozialisierenden freiwillig mitwirken. Hinzukommt, dass eine realistische Betrachtung einbeziehen muss, dass die Verhaltensbeeinflussung durch Mitinsassen in Haftanstalten kriminogen wirken kann. Vergleichsweise einfach ist dagegen für einschneidende Maßnahmen der „Unschädlichmachung" plausibel zu machen, dass diese erneute Taten verhindern: Jahrzehntelange Inhaftierung verhindert zwangsläufig, dass die Inhaftierten erneut straffällig werden (jedenfalls außerhalb der Anstalt).

Welche Schlüsse sind aus der Erkenntnis zu ziehen, dass der Eintritt von Individualabschreckung zweifelhaft ist, sich resozialisierende Maßnahmen allenfalls in geringfügigem und lediglich Unschädlichmachung in größerem Umfang auf die Rückfallzahlen auswirken? Nicht abzuleiten ist, dass dies hinreichende Gründe wären, ein Strafjustizsystem zu finanzieren. Selbst wenn es gelingt, durch gezielt auf geeignete Täter zugeschnittene Behandlungsprogramme die Rückfallwahrscheinlichkeit von (um eine hypothetische, aber nicht realitätsfremde Zahl zu nennen) 70% auf 60% zu senken, wäre dies ein Nutzen, der gegen sehr beträchtliche Kosten abzuwägen wäre. Bei einer Kosten-Nut-

IV. Sinn strafgerichtlicher Verurteilungen?

zen-Abwägung wären Interventionen sinnvoller, die nicht den Umweg über aufwendige Tatermittlungen und -nachweise nehmen, sondern direkt und unmittelbar bei ungünstigen Sozialbedingungen ansetzen. Richtete man den Blick nur auf das zukünftige Verhalten von Personen, wäre es effektiver, Mittel, die heute in die Strafjustiz fließen, in z. B. frühkindliche Förderung zu investieren. Kosten-Nutzen-Analysen würden vermutlich auch auf Unschädlichmachung ein eher kritisches Licht werfen, wenn man die hohen Kosten pro Hafttag in Betracht zieht. Zur Sicherungsverwahrung bei einem Hang zu besonders schweren Delikten soll hier nicht Stellung genommen werden. Als *allgemeine Strategie* in Reaktion auf häufig vorkommende, nicht allzu schwere Delinquenz empfiehlt sich dieser Ansatz aus der Perspektive der Allgemeinheit nicht, wenn diese an Straftatenprävention, aber auch am angemessenen Einsatz öffentlicher Ressourcen interessiert ist.

Auf Spezialprävention wäre zurückzukommen, wenn *Sanktionsarten* und die *Gestaltung der Vollstreckung* zu erörtern wären. Die bei Strafrichtern nicht selten anzutreffende Vorstellung, man müsse „etwas Sinnvolles" aus dem Akt der Bestrafung machen und den Täter im Hinblick auf zukünftiges Verhalten unterstützen, steht vor dem Hintergrund, dass sie die Institution Strafjustiz als nicht hinterfragte Selbstverständlichkeit sehen. Bei den Entscheidungen, die das „Wie" einer Bestrafung betreffen, können spezialpräventive Anliegen berücksichtigt werden. Das anders gelagerte Problem, die *Existenz* eines Strafjustizsystems zu rechtfertigen, ist damit jedoch nicht zu lösen.

b) Generalprävention

aa) Negative Generalprävention

Die Verhängung von Kriminalstrafen ist eine notwendige Konsequenz, wenn man Androhungsgeneralprävention für legitim hält. Ohne einen hinreichend hohen Anteil aufgeklärter Taten und Verurteilungen wäre mit einer verhaltenssteuernden Wirkung von Strafnormen nicht zu rechnen (s. zur Notwendigkeit, leere Drohungen zu vermeiden, Feuerbach 1847, § 16; Schopenhauer 1819, S. 434). Die Vermutung, dass es solche Wirkungen gibt, ist nicht nur eine alte (s. zur Rechtsgeschichte Birr 2007, S. 63 ff., 73 ff.), sondern auch plausible Annahme (Schmidhäuser 1971, S. 65 ff.; Rössner 2010, S. 703 ff.), die durch neuere Studien bestätigt wird. Diese zeigen: Wie Personen die Wahrscheinlichkeit strafrechtlicher Folgen einschätzen, ist grundsätzlich geeignet, ihre Verhaltensentscheidungen zu beeinflussen (Bottoms/von Hirsch 2010; Loughran u. a. 2016; zu möglichen kognitiven Verzerrungen Pogarsky u. a. 2017).

Damit ist allerdings nicht gesagt, dass dieser Effekt bei *allen* Straftaten in gleicher Weise festzustellen ist. Wenn, was zu vermuten ist, die Stärke abschreckender Effekte in Abhängigkeit vom Deliktstyp schwankt, könnte es eine rationale Lösung sein, strafgerichtliche

IV. Sinn strafgerichtlicher Verurteilungen?

Verfolgung nur *selektiv* anzustreben. Im Gegensatz zur Androhungsgeneralprävention verursacht Strafverfolgung erhebliche Kosten. Für Delikte, bei denen mit nüchternen Kalkulationen potentieller Täter zu rechnen ist (etwa: Steuerhinterziehung), sind zwar auch in Anbetracht der Kosten regelmäßig erfolgende gerichtliche Verurteilungen als „Back-up" der Androhungsgeneralprävention erforderlich. Bei Delikten, die typischerweise in emotionsgeladenen Kontexten, insbesondere nach einer persönlichen Interaktion mit dem Opfer, begangen werden, könnte die Beurteilung anders ausfallen. *Nur* mit dem Verweis auf Generalprävention ist ein Strafensystem schlecht zu begründen, das geprägt vom Legalitätsprinzip die Verfolgung aller Delikte anstrebt und insbesondere die strafrechtliche Ahndung aller schweren Taten gegen die Person fordert.

bb) *Positive Generalprävention*

Die Verhinderung zukünftiger Straftaten erstrebt auch der Ansatz, der den Verweis auf Generalprävention mit dem Adjektiv „positiv" kombiniert. Ein Unterschied zur negativen Generalprävention liegt in der Bestimmung des Personenkreises, auf dessen Verhalten Einfluss genommen werden soll. Während Abschreckung gegenüber Individuen praktiziert werden soll, die selbst die Begehung einer Straftat in Erwägung ziehen, geht die These von der positiven Generalprävention davon aus, dass Strafurteile Personen ansprechen, die (regelmäßig) normtreu sind. Deren Bereitschaft, die Normenordnung als verbindlich anzuerkennen und sich entsprechend zu verhalten, werde unterminiert, wenn Normbrüche unwidersprochen blieben (s. zur Sicherung von Erwartungen durch Recht Luhmann 1970, S. 177 ff.; zu Verhaltensmodellen und Variationen Baurmann 1994, S. 368; Hassemer 1998, S. 41 ff.; zu Günther Jakobs' Ansatz unten S. 32 ff.). Eine Gegenthese könnte auf die Präventivwirkung des Nichtwissens (Popitz 1968) verweisen. Aus dieser Sicht wäre jedenfalls von einer *gleichmäßigen* Verfolgung aller Normbrüche abzuraten, weil dadurch für gesetzestreue Personen erst offensichtlich würde, wie schlecht es um die Normbefolgungsbereitschaft vieler anderer steht. Allerdings dürfte sich ein gewisses Maß an Selektivität von selbst ergeben, weil auch in solide finanzierten Justizsystemen eine lückenlose Verfolgung aller bekannt gewordenen Delikte unmöglich ist.

Nachzuweisen sind die Zusammenhänge, die mit dem Stichwort „positive Generalprävention" beschrieben werden, nicht. Der Versuch, dies zu tun, würde einen Ausfall von Strafjustiz als „natürliches Experiment" voraussetzen, was nur unter extremen Bedingungen gesellschaftlicher Anomie vorstellbar ist. Es würde sich dann die komplizierte Aufgabe stellen, erstens den die Strafverfolgung betreffenden Teilaspekt von anderen Phänomenen der Anomie zu isolieren, und zweitens fehlende Abschreckung von Individuen ohne prinzipielle Normanerkennung von der Verunsi-

IV. Sinn strafgerichtlicher Verurteilungen?

cherung bei zuvor überwiegend normkonformen Personen abzugrenzen. Nichtdestotrotz ist es plausibel, von einem grundsätzlich bestehenden Zusammenhang von gerichtlicher Normbestätigung und späterem Legalverhalten in der Bevölkerung auszugehen. Für eine detaillierte Analyse wären weitere Punkte anzusprechen, etwa, inwieweit die Bedingungen für Normakzeptanz komplexer und vielschichtiger sind als Idealvorstellungen von positiver Generalprävention sie beschreiben (Schneider 2004, S. 331 f., 335). Außerdem dürften die Folgen ausbleibender Normbestätigung deliktsabhängig sein. Studien zu den Voraussetzungen moralischen Verhaltens deuten darauf hin, dass bei einer günstigen frühkindlichen Entwicklung die Verhaltensdispositionen entwickelt werden, welche grundlegenden moralischen Anforderungen entsprechen. Für die Vermeidung von Gewalttaten ist die Fähigkeit zu Empathie wesentlich (s. Lehrer 2009, S. 162 ff.). Wenn früh entwickelte Anlagen die Einhaltung der (auch) im Strafgesetz enthaltenen Verhaltensnormen begünstigen, ist die Gefahr einer Erosion von Normgeltung wahrscheinlich gering. Anders dürfte es sich aber bei den vielen Delikten verhalten, bei denen Täter keine Konfrontation mit einem sichtbar durch die Tat leidenden Individuum aushalten müssen. Unter solchen Umständen kommt Rechtsnormen und ihrer tatsächlichen Durchsetzung vermutlich größere Bedeutung zu (s. zu den empirischen Fragen Andrissek 2017, S. 90 ff.).

cc) Fazit

Der Verweis auf Generalprävention ist *eine* der Säulen, die ein straftheoretisches Konzept argumentativ abstützen. Dabei integriert das plausibelste Modell sowohl das Bemühen, das Verhalten von unmittelbar tatgeneigten Personen zu beeinflussen (negative Generalprävention), als auch das Bestreben, die Orientierungen von grundsätzlich normtreuen Personen zu unterstützen (positive Generalprävention). Kombinationen beider Versionen von Generalprävention sind gegenüber monistischen Entweder-Oder-Ansätzen vorzugswürdig, da sowohl Unterschieden zwischen Individuen als auch unterschiedlichen Deliktstypen Rechnung zu tragen ist (Kuhlen 1998, S. 62 f.; für die Einordnung der positiven Generalprävention als Sekundärphänomen Schünemann 1998, S. 113, 119 ff.). Allerdings würde eine *nur* auf Generalprävention ausgerichtete Straftheorie Defizite aufweisen. Bei einer strikten und konsequenten Ausrichtung am Maßstab der präventiven Notwendigkeit blieb ausgerechnet für den Kernbereich des gemeinhin als strafwürdig Angesehenen (etwa Tötungsdelikte) fraglich, ob Strafe wirklich erforderlich ist. Und vor allem fehlt bei einer ausschließlichen Fokussierung auf Generalprävention das Verständnis dafür, dass es andere, ebenfalls legitime und wichtige Zwecke gibt, denen Kriminalstrafe dient. Damit meine ich expressive Funktionen von Strafe, die im Folgenden zu erörtern sind.

IV. Sinn strafgerichtlicher Verurteilungen?

3. Expressive Straftheorien

Expressive Theorien gehen wie präventionsorientierte Theorien davon aus, dass die Verhängung einer Kriminalstrafe einem Zweck dient, der auf legitimen Interessen von Menschen aufbaut. Es geht aber nicht um die Beeinflussung der Straftatenhäufigkeit in der Zukunft, sondern um Interessen, die sich auf den angemessenen Umgang mit vergangenem Verhalten beziehen. Expressive Theorien betonen die Bedeutung von Strafurteilen als Akt der Kommunikation. Unterscheiden kann man normorientierte expressive und personenorientierte expressive Ansätze. Personenorientiert expressiv sind Konzepte, denen zufolge die im Strafurteil steckende Botschaft bestimmte Personen ansprechen soll. Das können beliebige Personen sein, die von dieser konkreten Straftat erfahren haben, der Täter oder das Tatopfer. Normorientierte expressive Straftheorien betonen dagegen die Botschaft, die sich an unbestimmte Adressaten, also die Allgemeinheit in einem abstrakten, umfassenden Sinn richtet (Stichwort: Normbestätigung).

a) Normorientierte expressive Straftheorien

Eine Variante normorientierter expressiver Straftheorien sieht die Aufgabe der Kriminalstrafe darin, *moralische* Wertungen und Verhaltensanforderungen zu bekräftigen. Zu finden ist dieser Ansatz bei angloamerikanischen Autoren, die Strafrecht ohne Weiteres als praktizierte Moralphilosophie begreifen, ohne den Unterschied zwischen Rechtsnormen und moralischen Verhaltensanforderungen zu thematisieren (s. z.B. Hampton 1992, S. 12 zu „false moral claims", denen durch die Strafe widersprochen werden müsse). Eine Gleichsetzung von moralischen und rechtlichen Anforderungen ist allerdings problematisch. Eine unmittelbar moralzentrierte Theorie der Strafe stößt auf den Einwand, dass hierin keine angemessene Aufgabe des Staates liegen kann (Bastelberger 2006, S. 118 f.).

Anders fällt die Beurteilung aus, wenn es um die Bestätigung von rechtlichen Verhaltensnormen geht. Ein in der deutschen Diskussion etwa von Günther Jakobs vertretener Ansatz beginnt mit Überlegungen, die in ähnlicher Weise unter dem Stichwort „positive Generalprävention" (s. S. 27 ff.) angestellt werden. Eine Straftat enthalte eine Botschaft, die nicht ignoriert werden könne. Es bedürfe der Entgegnung mit einem Widerspruch, um eine Erosion der Norm zu verhindern (Jakobs 2008, S. 111 ff.; Frisch 1998, S. 139 ff.; ders. 2015, S. 108). Jakobs verzichtet darauf, eine Zunahme von Straftaten zu prognostizieren, wenn Widersprüche gegen eine Straftat unterblieben. Da der Fortbestand gelungener Formen menschlicher Kooperation sich vermutlich auch auf die Straftatenhäufigkeit auswirkt, besteht aber jedenfalls ein mittelbarer Zusammenhang mit dem Ziel „Prävention zukünftiger Delikte". Es ließe sich darüber diskutieren, ob die Thesen Jakobs' und verwandte Ansätze, die nicht in empirisch überprüfbarer Weise auf psychologische Folgen

IV. Sinn strafgerichtlicher Verurteilungen?

verweisen, sondern nur auf kommunikative Prozesse (s. z.B. Gómez-Jara Diéz 2005; Hamel 2009, S. 122 ff.), auch bei der positiven Generalprävention verortet werden können. Es liegt jedoch näher, sie in die Kategorie der expressiven Theorien einzuordnen.

Wenn der Widerspruch erforderlich sein soll, weil die Verständigung über Normen als Essenz von Gesellschaften verstanden wird (Jakobs 2008, S. 61 ff.), kann expressive Strafe als Selbstzweck gedeutet werden, der weder empirisch untersucht werden muss noch untersucht werden kann (Neumann 2007, S. 444). Dass Normen *um ihrer selbst willen* bekräftigt werden sollen, wird verschiedentlich als schwaches Argument angesehen (Mosbacher 2004, S. 220). Teilweise wird eine normorientierte expressive Theorie sogar als absolute Straftheorie eingeordnet (Küpper 1990, S. 211; Koriath 2004, S. 59), was allerdings nicht überzeugt, da Strafe nicht zweckfrei konzipiert wird. Der Verweis auf den Eigenwert von Normen weckt zwar den Verdacht einer abstrakt-lebensfremden, nicht an den Interessen von Menschen ausgerichteten (Calliess 2001, S. 109) oder sogar die Verletzung von Individuen ausblendenden Theorie (Koriath 2004, S. 56). Diese kritischen Argumente weisen auf die Eindimensionalität und Ergänzungsbedürftigkeit des Konzepts der Normverdeutlichung hin, aber nicht auf grundlegendere Bedenken. *Wenn* Rechtsnormen sich als förderlich für friedliches Zusammenleben und Wohlergehen von Menschen erwiesen haben (wenn „das Individuum in der Gesellschaft sein Auskommen findet",

Jakobs 2008, S. 107), leuchtet die Überlegung durchaus ein, dass sie im Falle der Missachtung durch expliziten Widerspruch bestätigt werden sollten (Feijoo Sánchez 2007, S. 88 ff.). Allerdings wird bei einer Fokussierung auf den Aspekt der Normverdeutlichung nicht hinreichend deutlich, dass es *neben* den Interessen *aller* Staatsbürger an der Stabilität von Verhaltensnormen auch normativ fundierte Interessen *bestimmter* Personen gibt, die dafür sprechen, Normzuwiderhandlungen nicht reaktionslos hinzunehmen.

b) Personenorientierte expressive Straftheorien: Kommunikation mit dem Täter

Anders als normorientierte expressive Theorien, die den wesentlichen Kommunikationsinhalt in der Bestätigung der missachteten Strafnorm sehen, stellen personenorientierte expressive Theorien auf Personen oder Personengruppen ab, die Adressaten der Botschaft von Kriminalstrafe sind. Eine Variante konzentriert sich auf die Kommunikation mit dem Täter und betont, dass eine tadelnde Reaktion gegenüber dem Täter erforderlich sei. Zur Begründung wird oft auf Überlegungen des englischen Philosophen Peter Strawson verwiesen, die den angemessenen Umgang von Menschen miteinander schildern. Strawson beschreibt zwei unterschiedliche Formen der Reaktion auf das Fehlverhalten anderer: entweder mit einer objektivierenden Einstellung, die den Täter als zu kontrollierendes Wesen (ähnlich einem gefährlichen Tier)

IV. Sinn strafgerichtlicher Verurteilungen?

begreift, oder mit einer Einstellung, die den anderen als Teilnehmer an sozialen Beziehungen behandelt (Strawson 1974; dazu Zürcher 2014, S. 95 ff.). Während Schopenhauer in seiner bekannten Metapher davon ausging, dass es genüge, einem „Raubthier" einen „Maulkorb" anzulegen (Schopenhauer 1819, S. 431), ist die Grundannahme kommunikationsorientierter Straftheorien, dass eine objektivierende Haltung nur in Ausnahmefällen eingenommen werden darf. Für die strafgerichtliche Verurteilung bedeutet dies, dass gegenüber Schuldfähigen eine reaktive Haltung erforderlich ist und Strafe einen an den Täter adressierten Tadel beinhalten sollte (von Hirsch 1993, S. 9 ff.; ders. 2005, S. 48 ff.; Hörnle/von Hirsch 1995, S. 270 ff.; Duff 1998, S. 189; Günther 2002, S. 216 ff.; s. ausführlich zur Bedeutung von alltäglicher und strafrechtlicher Missbilligung Hamel 2009, S. 99 ff., 150 ff.). Eine vollständige Straftheorie kann man allerdings aus diesem täterorientierten expressiven Ansatz nicht ableiten (Neumann 2007, S. 439). Dieser bezeichnet eine notwendige Bedingung (*wenn* gestraft wird, dann in kommunikativ angemessener Weise), aber keinen eigenständigen Zweck für Strafe.

Die anspruchsvollere Variante einer täter- und kommunikationsorientierten Straftheorie geht über das Einfordern einer reaktiven Haltung des Tadelnden hinaus. Sie verweist zusätzlich darauf, dass die tadelnde Kommunikation auch den Interessen des Getadelten diene, da sie Selbsterkenntnis und Selbstverbesserung fördere. Das Bild von Strafe als Anreiz und Chance für

Täter, Reue und Buße zu erleben und zu praktizieren, vertreten Antony Duff und andere englische Moralphilosophen (Duff 1986, S. 47 ff.; ders. 1998, S. 191 ff.; ders. 2001, S. 75 ff.; Bennett 2006; Tasioulas 2006). Sie nehmen beim angemessenen Umgang mit Fehlverhalten innerhalb von moralisch orientierten Gemeinschaften ihren Ausgangspunkt (s. zu Versöhnungsleistungen durch Buße Duff 1986, S. 64 ff.; ähnlich Lampe 1999, S. 268 ff.). Gegen solche Modelle ist allerdings einzuwenden, dass derartige Gemeinschaften sich in ihrem Daseinsgrund entscheidend vom Staat unterscheiden. Kriminalstrafe kann nicht nach dem Vorbild von menschlichen Zusammenschlüssen modelliert werden, die auf moralische Verbesserung des Einzelnen angelegt sind. Die Ausübung von Zwang ist nicht mit einer möglichen Selbstverbesserung des Täters zu rechtfertigen (so zu Recht schon Schopenhauer 1819, S. 431; Schmidhäuser 1971, S. 58; a.A. Zürcher 2014, S. 168 ff.).

c) Personenorientierte expressive Straftheorien: Die Bedeutung des Unwerturteils für das Opfer

Die expressive Funktion von Strafe ist für Opfer einer Straftat von Bedeutung. Zwar kann mit diesem Ansatz eine vollständige Straftheorie schon deshalb nicht begründet werden, weil auch Delikte gegen die Allgemeinheit, also Delikte ohne individuelle Tatopfer, zu ahnden sind. Dies wäre jedoch nur dann ein erheblicher Einwand, wenn man von der wenig überzeu-

IV. Sinn strafgerichtlicher Verurteilungen?

genden Prämisse ausginge, dass der Sinn strafgerichtlicher Verurteilungen für das *gesamte Spektrum* der Delikte in einheitlicher Weise bestimmt werden müsste. Überzeugende straftheoretische Begründungen lassen jedoch Differenzierungen nach der Deliktsart zu. Bei erheblichen Delikten gegen Personen spielt im Begründungmosaik das Element „Opferinteressen" eine wichtige Rolle.

In den gängigen Darstellungen zur Straftheorie tauchen allerdings diejenigen nicht auf, die durch die Tat geschädigt (oder konkret gefährdet) wurden. Die traditionelle Sicht orientiert sich an kollektiven Interessen, nicht an den Interessen von Tatopfern (Hörnle 2006, S. 951). Erst in jüngster Zeit wird (nunmehr aber intensiv) darüber debattiert, ob es ein legitimes Interesse des Opfers an einer Bestrafung des Täters geben kann (Murphy 1990; Reemtsma 1999; Walther 1999; Günther 2002; Hassemer/Reemtsma 2002; Holz 2007; Burgi 2007; Hamel 2009; Weigend 2010; Zimmermann 2012, S. 109 ff.; Schiemann 2015; Roxin 2015, S. 200 ff.). Bedenken gegen die Anerkennung solcher Individualinteressen könnten sich darauf stützen, dass Strafbedürfnisse nicht bestünden, weil Betroffene eine Entschädigung oder Entschuldigung vorzögen. Die Annahme, dass Tatopfern schon mit finanzieller Kompensation oder einer außergerichtlichen Verständigung gedient sei (Lüderssen 1999, S. 892 f.; Bung 2009, S. 437), ist allerdings vor allem bei erheblichen Straftaten gegen die Person (etwa eingriffsintensiven körperlichen Attacken, Sexualdelikten) nicht plausibel (s. dazu Reemtsma 1998, S. 215 f.).

Ein Ausgangspunkt für opferorientierte Überlegungen sind die Emotionen von Tatopfern und ihnen nahestehenden Personen. Straftaten gegen Personen rufen starke reaktive Emotionen hervor, die als Rachewünsche und Bedürfnis nach Vergeltung zu beschreiben sind (Murphy 1990b; Vidmar 2001; Walter 2011; ders. 2016; Andrissek 2017, S. 14 ff.). Zwar wird in Frage gestellt, ob das Auftreten von Rachegefühlen zur Rechtfertigung von Kriminalstrafe ausreicht (Reemtsma 1999, S. 26; Hassemer/Reemtsma 2002, S. 122 ff.). Es gibt jedoch aus Sicht der Allgemeinheit Gründe, warum der Staat reaktive Emotionen auffangen muss. Sowohl spontane Selbstjustiz als auch organisierte Blutrache und Familienfehden müssen im Interesse aller Bürger verhindert werden, auch weil ansonsten die Monopolisierung von Gewaltanwendung beim Staat in Frage stünde (Rössner 2001, S. 982 f.; Walter 2016). Auch andere destruktive Konsequenzen für das zukünftige Leben von Opfern (Fixierung auf die Tat, anhaltende Selbstzweifel) und ein mit Rückzug verbundener Verlust des Vertrauens in die Rechtsordnung sind zu verhindern (s. dazu Prittwitz 2000, S. 172 ff.; Reemtsma 1999, S. 26 f.; Hassemer/Reemtsma 2002, S. 129 ff.; Holz 2007, S. 125 ff.; Hamel 2009, S. 167 ff.).

Ein anderer Begründungsstrang stellt darauf ab, dass reaktive Emotionen von Opfern nicht nur mit Blick auf sozialschädliche Folgen aufgefangen werden sollten, sondern dass hinter diesen Emotionen *legitime*

IV. Sinn strafgerichtlicher Verurteilungen?

Interessen stehen. Ein legitimes Opferinteresse an einer Reaktion des Staates besteht auch dann, wenn das betroffene Individuum mit einer stabilen psychischen Verfassung gesegnet ist und weder zu rächenden Aktivitäten noch zu selbstzweiflerischem Grübeln neigt. Die Bedeutung des Unwerturteils liegt darin, dass es die Trennlinie zwischen Recht und Unrecht in präziser und detaillierter Weise, bezogen auf den Einzelfall, nachzeichnet. Wenn das dem Betroffenen zustehende, in einem Strafgesetz garantierte Abwehrrecht gegen unrechtmäßiges Handeln anderer Bürger missachtet wurde, muss derjenige, der dieses Abwehrrecht gewährt (der Staat), auch bereit sein, die Zuwiderhandlung förmlich festzustellen.

Ein institutionalisiertes Unwerturteil durch staatliche Strafe hat eine andere Bedeutung als die alltagskommunikative Missbilligung des Geschehens (Hamel 2009, S. 178 ff.). Dem Opfer wird damit formell bestätigt, dass ihm Unrecht geschehen ist und nicht Zufall oder Unglück sein Schicksal bestimmt haben (Günther 2002, S. 218; Rössner 2001, S. 987; Walther 1999, S. 136 f.; Reemtsma 1999, S. 25; Hassemer/Reemtsma 2002, S. 130 f.; Hörnle 2006, S. 955; Holz 2007, S. 131 f.). Der Verzicht auf ein staatliches Unwerturteil würde eine implizite Aussage beinhalten, die entweder das Delikt betrifft (das Vorgefallene sei keine Rechtsverletzung gewesen oder es sei nicht gravierend genug, um jenseits zivilrechtlicher Verfahren staatliche Ressourcen zu bemühen) oder aber das Opfer (es sei selbst schuld oder zu unwichtig für staatliche Aktivitäten in seinem Interesse). Dabei ist ggf. die sachlich zutreffende Begründung nicht zu beanstanden, dass es sich um eine leichte Rechtsverletzung handle, die den Staat nicht zwingend zu eigener Reaktion verpflichte. Eine opferorientierte expressive Straftheorie lässt den Strafverfolgungsbehörden gewisse Spielräume für den effizienten Einsatz beschränkter Ressourcen. *Wenn* es sich aber um eine *gravierende Rechtsverletzung* gehandelt hat, steckt im Unterbleiben einer staatlichen Reaktion auch eine das Opfer betreffende Aussage. Die Botschaft: „Du bist es nicht wert, dass sich der Staat um deine Belange kümmert" kann mit dem allgemeinen Persönlichkeitsrecht des Opfers kollidieren (Weigend 2010, S. 50 ff.; Schiemann 2015, S. 165 ff.; a. A. Kaspar 2014, S. 87).

Eine Aufwertung der Kommunikation mit dem Opfer stößt allerdings auch auf Bedenken, die sich aus möglichen prozessualen Folgen ergeben (Weigend 2011, S. 37). Müssten auf dieser Basis individuellen Tatopfern (in deutlich größerem Umfang als bisher) Mitspracherechte im Strafverfahren und Vorschlags- oder sogar Entscheidungsrechte bei der Sanktionswahl eingeräumt werden? Solche weitreichenden Konsequenzen wären problematisch (zur Kritik an Opferrechten im Strafverfahren Bung 2009; zurückhaltende Vorschläge für eine Verbesserung der Opferstellung machen Weigend 2017; Sturm 2017). Damit würden zivilisatorische Errungenschaften in Frage gestellt, nämlich die Befriedungsfunktion, die mit einer Verdrängung des individuellen Opfers und seines sozialen

IV. Sinn strafgerichtlicher Verurteilungen?

Umfelds aus dem Verfahren verbunden ist, und die ebenfalls friedensstiftende Etablierung des Gleichbehandlungsgrundsatzes bei der Sanktionierung von Straftätern. Aber: Derartige Folgerungen für Verfahren und Strafzumessung ergeben sich nicht zwingend aus der Aussage, dass berechtigte Opferinteressen ein Element der Rechtfertigung einer staatlichen strafenden Reaktion sind. Die Stellung des Staates zu den Opfern entspricht der eines Treuhänders, der die Interessen eines anderen wahren, aber nicht dessen höchstpersönliche Wünsche unhinterfragt übernehmen muss. Aus der weitgehenden Verdrängung des Opfers im Verfahren ergibt sich aber ein weiteres Argument, warum der Staat bei schweren Delikten gegen die Person ermitteln muss und ggf. ein Unwerturteil zu fällen hat: Hierin liegt die Kompensation für die Zurückhaltungspflicht, die Opfern auferlegt wird.

Das Bundesverfassungsgericht geht seit Kurzem (in Beschlüssen von Kammern des 2. Senats) ebenfalls davon aus, dass den Opfern einer Straftat und im Todesfall ihren Angehörigen ein subjektives Recht auf effektive Strafverfolgung zustehe, wenn sich die Tat gegen das Leben, die körperliche Unversehrtheit, die sexuelle Selbstbestimmung und die Freiheit der Person gerichtet habe. Ein solches subjektives Recht bestehe ferner, wenn das Opfer dem Staat anvertraut gewesen sei (etwa im Maßregel- oder Strafvollzug) oder wenn Amtsträger bei Wahrnehmung hoheitlicher Aufgaben Straftaten begangen haben (BVerfG, Beschluss v. 19.5. 2015, 2 BvR 987/11, JZ 2015, S. 890 m. Anmerkungen

Hörnle und Gärditz; ebenso Beschluss v. 26.6.2014, 2 BvR 2699/10; Beschluss v. 6.10.2014, 2 BvR 1568/12, NJW 2015, S. 150; Beschluss v. 23.3.2015, 2 BvR 1304/12). Nicht überzeugend ist die Begründung in diesen relativ kurzen Kammerbeschlüssen (Kaspar 2014, S. 84; Weigend 2017, S. 789; a. A. Sturm 2017). Diese stellen unmittelbar auf die verfassungsrechtliche Schutzpflicht für das Leben, die körperliche Unversehrtheit, die Freiheit und die sexuelle Selbstbestimmung ab, die den Staat verpflichte, die Grundrechtsträger vor rechtswidrigen Eingriffen Dritter zu bewahren. Nach Abschluss des Tatgeschehens, im Strafverfolgungsstadium, bestehen in der Regel aber keine anhaltenden Gefahren mehr. Ein subjektives Recht auf effektive Strafverfolgung ist nur dann zu begründen, wenn man davon ausgeht, dass sich die ursprüngliche Schutzpflicht in eine Pflicht zu effektiven Ermittlungen und ggf. Unrechtsfeststellung umwandelt, was gut zu begründen ist. Die Zuerkennung eines subjektiven Rechts auf den Schutz von Leben, Freiheit etc. ist sinnlos, wenn der Rechtsträger im Falle der Rechtsverletzung eine unbegründete, willkürliche Passivität des Rechtsgaranten, des Staates, hinnehmen müsste (ähnlich i. Erg. Sturm 2017, S. 409).

d) *Auffangen von Gefühlen der Empörung bei Dritten*

Emotionale Reaktionen angesichts einer erheblichen Straftat können auch bei Personen auftreten, die nicht als Tatopfer oder deren Angehörige betroffen sind, sondern durch journalistische Berichte oder die sozialen Medien von der Tat erfahren haben. Strawsons Analyse reaktiver Einstellungen (S. 34f.) schließt die stellvertretende Perspektive von nicht selbst betroffenen Dritten ein. Im Zeitalter der elektronischen Informationsverbreitung können sich schnell Wellen der Empörung aufbauen, insbesondere in den Echoräumen der sozialen Medien. Zu erwägen ist, ob Kriminalstrafe auch solche Gefühle der Empörung auffangen soll. Stellt man die Frage, inwieweit hinter Emotionen berechtigte Interessen stehen, zeigt sich allerdings, dass der normative Anspruch von unbeteiligten Dritten viel schwächer ist als der von Opfern der Tat. Nur Opfer können sich darauf berufen, dass der Täter ein ihnen zustehendes subjektives Recht missachtet hat und deshalb der Staat als Garant dieses Rechts *ihnen gegenüber* eine Feststellungspflicht hat. Im Übrigen ist auf das zu verweisen, was unter dem Stichwort „normbezogene expressive Straftheorien" bereits ausgeführt wurde. Aus normativer Sicht beschränkt sich das berechtigte Interesse von Personen, die nicht selbst Tatopfer geworden sind, auf das Allgemeininteresse an der Bestätigung missachteter Normen, das allen Bürgern zusteht.

e) *Warum Unwerturteil plus Strafübel?*

Vertreter einer expressiven Straftheorie müssen sich die Frage stellen, warum es nicht mit dem Unwerturteil sein Bewenden haben sollte. Warum nicht die kommunikative Funktion konsequent in den Vordergrund stellen und das Element der Übelszufügung, d. h. den Entzug von Geld oder Freiheit, herabstufen oder ganz eliminieren (s. zu solchen Überlegungen Duff 1998, S. 188; Günther 2002, S. 219; Kunz 2004, S. 75, 81; Seelmann 2004, S. 159 f.)? Vertritt man eine normorientierte expressive Theorie, wäre die Beschränkung auf symbolisch-ideelle Formen der Normbestätigung möglicherweise ausreichend (Hörnle/von Hirsch 1995, S. 266; Zimmermann 2012, S. 103 ff.; so auch Thomas Scanlon: „we could just as well 'say it with flowers' or, perhaps more appropriately, with weeds", Scanlon 1988, S. 214). Anders verhält es sich aber bei personenorientierten expressiven Theorien, weil diese komplexere Botschaften erfordern. Diese müssen nicht nur das Verhalten als rechtswidrig kennzeichnen, sondern auch das *konkrete Ausmaß* des Unrechts verdeutlichen. Quantifizierende Unwerturteile sind mit nur verbalen Botschaften weder genau noch angemessen auszudrücken. Schon auf der sprachlichen Ebene würde es schwer fallen, Feinabstufungen jenseits einiger grober Kategorien (sehr groß, groß, mittel etc.) vorzunehmen. Außerdem ist das Gewicht einer nur verbalen Botschaft in unserem sozialen Kontext limitiert. Dies gilt sowohl für lobende Kommunikation als auch für Missbilligungen. Der Ernst einer Aussage ist durch Übergabe oder Entzug von tangiblen Gütern und die Erweiterung oder Einschränkung von Freiheit zu verdeutlichen (Kleinig 1991, S. 417; Hörnle

IV. Sinn strafgerichtlicher Verurteilungen?

1999, S. 123 f.; Feijoo Sánchez 2007, S. 92 f.; Hamel 2009, S. 158 ff.). Eine solche Untermauerung ist *in besonderem Maß* notwendig, wenn mit Nachdruck missbilligt werden soll. Noch mehr als bei lobender Hervorhebung einer Leistung bedarf es bei einem Unwerturteil einer großen Spannbreite der Ausdrucksformen, um auch gravierende Unwerturteile in nicht trivialisierender Weise auszudrücken und Vergeltungsbedürfnisse von Opfern aufzufangen.

Wie hoch das allgemeine Strafniveau angesetzt wird, ist auch eine Frage der historisch geprägten Sensibilität einer Gesellschaft. *Ohne* Verstärkung des Unwerturteils durch Übelszufügung ist aber nicht auszukommen (Pérez-Barbera 2014, S. 520; Zürcher 2014, S. 165; a. A. Günther 2002, S. 219). Sowohl aus der Sicht der Opfer als auch aus der Sicht der Allgemeinheit wären weder zivilrechtlicher oder vom Staat getätigter Schadensersatz noch Schmerzensgeld ausreichend (Pawlik 2004a, S. 88 f.). Schadensersatz bringt lediglich den finanziellen Status quo wieder auf den Zustand vor der Tat. Schmerzensgeld ist zur Verdeutlichung des Unwerturteils bei gravierenden Rechtsverletzungen ungeeignet, weil erheblicher Tadel nicht mehr durch eine nur finanzielle Einbuße verdeutlicht werden kann.

V. Ist die Verhängung von Kriminalstrafe gegenüber den Bestraften legitim?

1. Notwendigkeit einer Rechtfertigung

Der Zweck einer Strafverhängung liegt, wie vorstehend begründet, sowohl in expressiven Funktionen als auch in der Prävention von Straftaten (positive und negative Generalprävention). Mit der Benennung von Strafzwecken ist noch nicht geklärt, dass Strafverhängung und Strafvollstreckung als Grundrechtseingriffe auch gegenüber dem Verurteilten gerechtfertigt sind. Personenorientierte expressive Straftheorien stellen bereits bei der Zweckbestimmung eine innere Verbindung von Strafzweck und Inpflichtnahme des Täters her. Das Unwerturteil ist auch ihm gegenüber berechtigt, wenn die Tatsachenfeststellungen zutreffen und wenn die Grenzen zwischen Recht und Unrecht im konkreten Täter-Opfer-Verhältnis korrekt definiert sind. Soweit eine Übelszufügung *nur* der Verstärkung und Ausdifferenzierung des kommunikativen Aktes dienen würde, wäre ihre Rechtfertigung von der Rechtfertigung des Unwerturteils mitgetragen. Schwieriger wird es, wenn der Täter zur Erfüllung anderer Zwecke Strafe hinnehmen soll. Der hier vertretene Ansatz betont personenorientierte expressive

Funktionen, ohne aber zu argumentieren, dass die Institution Kriminalstrafe *ausschließlich* auf dieses Fundament gestützt werden soll.

Wenn Zwecke verfolgt werden, von denen die Allgemeinheit profitiert, seien es normorientierte expressive Zwecke oder die Minderung zukünftiger Strafhäufigkeit mittels der Mechanismen, die als negative oder positive Generalprävention beschrieben werden, ist zu begründen, warum hierzu der Täter heranzuziehen ist. Der Gedanke, zwischen negativer und positiver Generalprävention zu differenzieren und positive Generalprävention wegen ihres „besseren Zweckes" als unproblematischer anzusehen (so Hassemer 1998, S. 37), überzeugt nicht. Es geht in beiden Fällen darum, dass Bestrafung mit sozialem Nutzen begründet wird. Bedenken liegen bei der Strafverhängung näher als bei der Androhungsgeneralprävention (s. oben S. 13 ff.), weil es nicht mehr um die abstrakt-generelle Ankündigung von Sanktionen geht, sondern um die Belastung eines Individuums. Wird hierdurch nicht der Bestrafte „unter die Gegenstände des Sachenrechts gemengt" (Kant 1797, S. 453), wie ein Hund behandelt (s. bereits oben S. 14) oder die Menschenwürde der Bestraften verletzt (Calliess 2001, S. 110; Leyendecker 2002, S. 74)?

Gegenansichten verweisen darauf, dass „der Schutz der Friedensordnung zweifellos ein hoher moralischer Wert" sei (Klug 1968, S. 279), dass „in einem verfassungsrechtlich gebundenen Präventionsstrafrecht die Subjektqualität nicht in Frage gestellt" werde (Kaspar

V. Ist Kriminalstrafe gegenüber den Bestraften legitim?

2014, S. 641) oder eher lakonisch darauf, dass es „wohl oder übel" notwendig sei, die Rechtsordnung erforderlichenfalls zwangsweise durchzusetzen (Frister 2015, S. 26). Oder man akzeptiert, dass in der Rechtfertigung gegenüber den Bestraften ein Problem liegt, und verknüpft damit die Hoffnung, dass ein schlechtes Gewissen Strafrichter besser vor Selbstgerechtigkeit bewahrt als eine vermeintliche Gewissheit, in gerechter Weise zu agieren (so Schmidhäuser 1971, S. 96 ff.). Bevor man es jedoch mit dem Verweis auf Nutzen und Notwendigkeiten bewenden lässt, ist zu erörtern, ob es nicht Möglichkeiten gibt, den Bestraften auf seine besondere Zuständigkeit zu verweisen.

Verfehlt ist es, das Etikett „Instrumentalisierung" zu nutzen, um damit jegliche weitere Diskussion zu stoppen. Damit würde die Reichweite des Instrumentalisierungsarguments überdehnt, das allenfalls für extreme Fälle staatlicher Eingriffe (etwa Folter) *absolute* Verbote begründen kann (Greco 2009, S. 163 ff.). Stattdessen kann es nur darum gehen, mit dem Bestraften in einen Begründungsdiskurs einzutreten: Er muss darauf verwiesen werden, dass er nicht in fragwürdiger Weise für das Gemeinwohl aufgeopfert werde (Ellscheid 2004, S. 34; generell zur Vorstellung eines Verantwortungsdialogs Neumann 1985, S. 269 ff.) und dass Bestrafung keine unfaire Belastung sei. Für einen solchen Begründungsdiskurs hat die strafrechtswissenschaftliche Literatur eine Vielzahl an Argumenten entwickelt, die zwei Grundansätzen zuzuordnen sind. Die erste Gruppe verweist auf Konditionen, die mit der Tatbegehung verknüpft sind: der Täter habe durch die Tat in seine eigene Bestrafung eingewilligt (2.), oder es ergebe sich aus seiner freien Entscheidung für die Tat die Verpflichtung, eine Bestrafung zu akzeptieren (3.), oder es treffe ihn eine Kompensationspflicht infolge der Tatbegehung (4.). Eine zweite Gruppe von Argumenten stützt sich auf Umstände, die vor der eigentlichen Tatbegehung angesiedelt sind. Hierzu gehören Überlegungen, dass auch der Täter einem (hypothetischen) Gesellschaftsvertrag zugestimmt habe (5.) oder dass er wie alle Bürger in Demokratien Mitverantwortung für Strafnormen trage (6.), und schließlich Verweise auf Loyalitätspflichten und genossene Vorteile durch das nichtkriminelle Verhalten anderer (7.).

2. Einwilligung des Täters durch die Tat

Kann der Täter darauf verwiesen werden, dass er nicht illegitimerweise Allgemeininteressen geopfert werde, weil er *durch seine Straftat* in seine eigene Bestrafung eingewilligt habe? In älteren Abhandlungen zur Straftheorie ist das Konstrukt einer Einwilligung verschiedentlich zu finden (dazu Seelmann 1991, S. 452f.). Dies vermag nicht zu überzeugen: In die Tat kann nicht der Aussagegehalt hineingelesen werden, dass der Täter mit seiner Bestrafung tatsächlich einverstanden sei. Mehr als die Behauptung, dass er vernünftigerweise *hätte* zustimmen müssen, ist nicht möglich (Seelmann

V. Ist Kriminalstrafe gegenüber den Bestraften legitim?

1991, S. 453) – dies führt zu den gesellschaftsvertraglichen Legitimationsversuchen.

Hegel postulierte, dass der Täter als Vernünftiger durch seine Tat *ein allgemeines Gesetz* aufstelle und anerkenne, unter welches er dann als sein Recht subsumiert werden dürfe (Hegel 1821, § 100). Auch dieses Argument trägt nicht (Koriath 2004, S. 63). Zum einen ist zweifelhaft, ob Personen durch Handlungen stets normative Stellungnahmen abgeben. Und selbst wenn man dem Täter „als Vernünftigem" mit jeder Handlung eine normative Aussage unterstellte, wäre allenfalls die Aussage zu rekonstruieren, dass er sich Ausnahmen von der Geltung der allgemeinen Verbotsnormen genehmigen dürfe. Zum anderen dürfte der Staat, selbst wenn der Täter ein allgemeines Gesetz etwa des Inhalts „man darf andere nach freiem Belieben verletzen" aufgestellt hätte, sich dieses evidentermaßen falsche Gesetz auch dann nicht zu eigen machen, wenn es im Akt der Strafe gegen den Täter gerichtet werden soll (Seelmann 1995, S. 69 f.).

3. Anders-Handeln-Können bei der Tat

Ein in der deutschen Strafrechtswissenschaft verbreiteter Versuch, die Legitimitätsfrage zu beantworten, stellt darauf ab, dass eine präventionsorientierte Straftheorie dann, und nur dann, akzeptabel sei, wenn sie als zweites Standbein auf die Schuld des Täters abstelle (Roxin 2006, § 3 Rn. 51 ff.; Schünemann 1987, S. 213;

ders. 1998, S. 114f.; Kuhlen 1998, S. 59; Frister 2015, S. 31). Manchmal wird auch auf Gerechtigkeit verwiesen (Mosbacher 2004, S. 219ff.; Neumann 1998, S. 150f.), die der Prävention gegenübergestellt werden müsse. Nicht überzeugend ist es, an dieser Stelle in den Bereich der Strafzumessung zu wechseln und auf das schuldangemessene Straf*maß* abzustellen (so Roxin 2006, § 3 Rn. 51ff.). Bevor Aussagen zur Strafzumessung möglich sind, ist zu klären, ob der Täter überhaupt zur Beförderung präventiver Anliegen in Anspruch genommen werden darf. Zu argumentieren wäre folgendermaßen: Sei dem Täter bekannt, dass er mit seinem Verhalten einen Straftatbestand erfülle (oder habe er immerhin Unrechtseinsicht), und entschließe er sich nichtsdestotrotz, so zu handeln, dann könne er sich nicht darauf berufen, unfair behandelt zu werden, wenn seine Verurteilung Normen bestätigen und zukünftige Straftaten durch andere verhindern solle. Derjenige, der gewusst habe, was auf ihn zukommen könne, und dies hätte vermeiden können, müsse die Konsequenzen tragen.

Dieser Gedankengang stößt jedoch ebenfalls auf Einwände. Ist die Behandlung einer Person illegitim, so bleibt sie es auch, wenn der Betroffene gewarnt war und die Situation durch freie Entscheidung hätte vermeiden können. Wissentlich und vermeidbar die eigene Behandlung mit X herbeigeführt zu haben, bedeutet nicht, dass schon deshalb X legitim ist. Wer weiß, dass er zur Erzwingung eines Geständnisses vermutlich verprügelt werden wird, und sich trotzdem aus

V. Ist Kriminalstrafe gegenüber den Bestraften legitim?

freier Entscheidung in die Hände der Polizei begibt, verwirkt damit nicht den Anspruch, die ihm widerfahrene Behandlung als illegitim zu beanstanden. Eine autonome Entscheidung des Täters kann allenfalls eine *notwendige*, aber *keine hinreichende* Bedingung für die Legitimation der Bestrafung sein.

4. Wiedergutmachungspflichten nach der Tat

Ein anderer Begründungsansatz sieht den Täter deshalb zur Hinnahme von Strafe verpflichtet, die ihm aus generalpräventiven Gründen auferlegt werde, weil er gegenüber Tatopfern zu Kompensation verpflichtet sei. Der Gedankengang, ausgeführt vom englischen Straftheoretiker Victor Tadros, ist: Der Täter schulde dem Opfer, als Teil seiner Wiedergutmachungspflichten, auch die Gewährleistung von Sicherheit in seinem zukünftigen Leben. Deshalb müsse er durch seine eigene Bestrafung zur Prävention zukünftiger Straftaten beitragen, die andere Personen begehen würden. Die Kompensationspflichten von Tätern würden sich, über „ihre" Opfer hinausreichend, auch auf den Schutz von deren Angehörigen und auf den Schutz anderer Straftatopfer vor zukünftigen Taten erstrecken (Tadros 2011, S. 273 ff.). Überzeugend ist es aber nicht, auf diese Weise die Legitimität von Strafen aus generalpräventiven Gründen zu begründen. Von generalpräventiven Effekten soll ein viel weiterer Personenkreis profitieren als diejenigen, die bereits Opfer von Straftaten geworden waren, und deren Angehörige.

5. Gesellschaftsvertragliche Begründungen

In der Gesellschaftsvertragstheorie des 18. Jahrhunderts wurde auch darüber debattiert, ob Personen vereinbaren würden, bei Übertretung eines Gesetzes Strafe auf sich zu nehmen. Insbesondere erschien fraglich, ob eine solche Klausel in den hypothetischen Vertrag aufgenommen würde, wenn damit im Fall der Todesstrafe in den eigenen Tod eingewilligt würde (Überblick bei Seelmann 1991, S. 446 ff.). Heute wird der Vertragsgedanke herangezogen, um zu begründen, dass es zulässig sei, Kriminalstrafe mit generalpräventiven Erwägungen zu legitimieren. Die Errichtung eines Strafjustizsystems werde vereinbart, wenn spieltheoretische Überlegungen erwarten ließen, dass Verträge *nicht* eingehalten würden (durch den Grundsatz „pacta sunt servanda" fühlen sich Nutzenoptimierer nicht gebunden). Deshalb müsse ein homo oeconomicus im hypothetischen Sozialvertrag auch der Möglichkeit seiner eigenen Bestrafung zustimmen (Schmidtchen 2003, S. 266 ff.).

Bei einer konsequenten Orientierung an der Figur des rational kalkulierenden Individuums sind solche Argumente plausibel. Ein Problem liegt aber wie bei allen Verweisen auf hypothetische Vereinbarungen in der Kluft zwischen der Kunstfigur des homo oeconomicus und der realen Verfasstheit von Menschen. Wer einerseits rational kalkuliert, andererseits aber weiß, dass seine Mitbürger sich auch an moralischen Konventionen und nur beschränkt an ökonomischen Berechnungen orientieren, würde vermutlich seiner eigenen Bestrafung *nicht* vorab zustimmen (Pawlik 2004a, S. 25 Fn. 16). Sozialverträgliche Modelle sind auf die Einfügung weiterer realitätsfremder Bedingungen, etwa Nicht-Wissen um die Bedeutung außerrechtlicher Verhaltenseinflüsse, angewiesen. Je mehr hypothetische Bedingungen aber in einen ohnehin nur hypothetischen Vertrag eingefügt werden müssen, umso schwächer wird die legitimierende Kraft solcher Überlegungen. Dies gilt auch für Versuche, vertragstheoretische Überlegungen mit diskurstheoretischen zu verknüpfen: Die Imagination eines fiktiven Diskurses zwischen zukünftigen Straftätern und dem Staat (Pérez-Barbera 2014, S. 520 ff.) ist genauso wie Gesellschaftsvertragslehren ein Konstrukt, dessen Eignung zur Rechtfertigung realer Übelszufügungen zweifelhaft ist.

6. *Demokratietheoretische Überlegungen*

Ein anderer Ansatz verweist auf die Rechte und Pflichten von Bürgern in Demokratien. Eine Pflicht, als Verurteilter die Strafe zu akzeptieren, könnte sich daraus ergeben, dass der Täter eine legitim zustande gekommene Norm missachtet hat, die er als Staatsbürger mit zu verantworten hat (Günther 1998, S. 165, 171 f.). Aber auch der Gedanke der Mitverantwortung für Normen weist einen sehr hohen Abstraktionsgrad auf, was ihn in Verantwortungsdialogen mit realen Tätern zu einem schwachen Argument macht. Der Verweis auf demokratietheoretische Überlegungen und persönliche Mitverantwortung für Strafgesetze dürfte keinen Täter überzeugen, der darauf verweisen kann, noch nie Mehrheitsparteien gewählt zu haben. Eine solche Argumentation versagt außerdem gegenüber Personen, die mangels Staatsangehörigkeit nicht wählen konnten oder erst vor kurzem eingewandert sind.

7. Loyalitätspflichten und genossene Vorteile

In einem Verantwortungsdialog mit Tätern kann dem Vorwurf der Unfairness präventiv begründeter Strafe entgegengesetzt werden, dass sie als Staatsbürger verpflichtet seien, Strafe zu akzeptieren. Michael Pawlik stellt auf Loyalitätsobliegenheiten von Bürgern ab, wobei diese Loyalität das notwendige Gegenstück für den Genuss von Freiheit sei. Der Bruch der Bürgerrolle bringe es mit sich, dass Täter hinnehmen müssen, zur Wiederherstellung der Rechtsordnung in Anspruch genommen zu werden (Pawlik 2004a, S. 88; 2006, S. 348). Dieser Gedankengang ist grundsätzlich überzeugend. Er stößt allerdings wegen der Anknüpfung an die Rolle des Staatsbürgers auf Grenzen, ebenso wie die oben erwähnten demokratietheoretischen

V. Ist Kriminalstrafe gegenüber den Bestraften legitim?

Ansätze. In globalisierten Gesellschaften, die durch vielfältige temporäre grenzüberschreitende Aufenthalte und durch Einwanderung gekennzeichnet sind, verliert die Rolle des Staatsbürgers an Bedeutung. Dass präventiv begründete Strafe keine unfaire Behandlung ist, ist aber auch gegenüber Reisenden, Flüchtlingen und Migranten zu begründen. Auch sie profitieren während ihres Aufenthalts vom Legalverhalten anderer und unterliegen deshalb Obliegenheiten. Aus diesem Grund muss jedermann, vom Touristen bis zum Staatsbürger, nach einer eigenen Straftat akzeptieren, zur Sicherung der Verbotsnormen, zur Untermauerung der Sanktionsdrohungen und zur Stabilisierung der normkonformen Dispositionen anderer in Anspruch genommen zu werden (s. auch Neumann 2007, S. 449f.; ders. 1998, S. 151).

Kein schlüssiges Gegenargument liegt im Verweis darauf, dass Täter abstreiten könnten, in einem freiheitlichen Staat zu leben oder vom Legalverhalten anderer profitiert zu haben, z.B. weil sie in Subkulturen leben oder weil sie eigene Unrechtserfahrungen gemacht haben (so aber Roxin 2015, S. 196). Es dürfte zwar nicht selten sein, dass Straftäter nach ihrer eigenen Wahrnehmung von Staat, Gesellschaft und Mitmenschen nur benachteiligt und ungerecht behandelt wurden. Aber solche subjektiven Einschätzungen beruhen auf fehlendem Bewusstsein für die alltäglichen Vorteile des Lebens in einem modernen Rechtsstaat. Allenfalls könnten Einsiedler, denen es gelänge, jedweden Kontakt mit anderen Menschen zu vermeiden, vorbringen, dass für sie die Normkonformität anderer keine Bedeutung habe. Im Übrigen ist das Netz der Abhängigkeiten so dicht, dass auch sozial benachteiligte oder teilweise selbst nicht rechtskonform lebende Personen kontinuierlich aus dem Legalverhalten anderer Nutzen ziehen.

Die hier vertretene Begründung unterscheidet sich von älteren Ansätzen, die auf Überlegungen zu „benefits and burdens" eine eigenständige Straftheorie stützen. So verweisen etwa Herbert Morris und Jeffrie Murphy darauf, dass Strafe unfaire Vorteile kompensiere, die der Täter infolge fehlender Selbstbeschränkung gewonnen habe (Morris 1976, S. 33; Murphy 1979, S. 77f.; krit. Zimmermann 2012, S. 147 ff.; Zürcher 2014, S. 68 ff.). Zu kritisieren ist an diesen Ansätzen unter anderem, dass sie bei Delikten gegen die Person das vom Täter begangene Unrecht nicht zutreffend charakterisieren. Das Tatunrecht liegt nicht in der unberechtigten Erlangung eines Vorteils durch den Täter (ein Vorteil, der bei vielen Delikten, z. B. Körperverletzungsdelikten, ohnehin schwer zu bestimmen ist), sondern in der Verletzung von Rechten des Opfers. Außerdem ist mit dem Argument „Entzug von erlangten Vorteilen" keine eigenständige Straftheorie zu begründen, da unklar bleibt, warum es dafür eines eingriffs- und kostenintensiven Kriminaljustizsystems bedürfte. Innerhalb einer komplexeren, mehrdimensionalen Straftheorie spielt es aber eine Rolle, dass Täter selbst von einem funktionierenden Rechts- und Gesellschaftssystem mit weitgehend normkonformen

V. Ist Kriminalstrafe gegenüber den Bestraften legitim?

Verhalten anderer Personen profitieren. Damit ist der Einwand zurückzuweisen, dass Bestrafung zu generalpräventiven Zwecken und zur Aufrechterhaltung dieses Systems unfair sei.

VI. Zusammenfassung: Thesen

1. Der Begriff „absolute Straftheorie" ist schillernd und letztlich verzichtbar. Der Gedanke, dass man strafgerichtliche Verurteilungen nicht begründen müsse oder dass es sich um zweckfreies Geschehen handle, ist zu verwerfen. Genauso wenig können in unserem zeitgenössischen verfassungsrechtlichen Kontext Zwecke ausreichen, die nur religiös zu rechtfertigen sind.

2. Es bleiben für eine ernsthafte Beschäftigung *nur* solche Begründungen, die an ein legitimes Interesse der Allgemeinheit oder der Straftatopfer anknüpfen, wobei diese Interessen aber nicht zwingend in der Prävention zukünftiger Straftaten liegen müssen. Es empfiehlt sich, die nicht-präventionsorientierten Ansätze als expressive Straftheorien zu bezeichnen. Die Dichotomie „absolute/relative Straftheorien" sollte durch die Unterscheidung von präventionsorientierten und expressiven Konzepten ersetzt werden.

3. Die gesetzliche Ankündigung von Sanktionen ist zu rechtfertigen, wenn die zugrunde liegende Verhaltensnorm zu begründen ist. Zu dieser Frage sind Kriminalisierungstheorien heranzuziehen, die von Straftheorien zu unterscheiden sind. Die Ergänzung von Verhaltensnormen durch Sanktionsdrohungen als zu-

sätzliche Verhaltensanreize bedeutet kein grundlegendes Legitimationsproblem.

4. Überlegungen, die mit dem Begriff „Spezialprävention" verbunden sind, können für die hier nicht erörterte Frage eine Rolle spielen, wie Strafe bemessen und vollzogen werden soll. Für die Straftheorie im engeren Sinne ist daraus aber nichts abzuleiten, da Ressourcen für erzieherische Interventionen besser anderweitig einzusetzen sind als vermittelt durch die Institution Strafjustiz.

5. Eine grundsätzlich plausible Erklärung dafür, warum eine Praxis staatlichen Strafens sozial nützlich und sinnvoll ist, liefern Ansätze, die auf negative Generalprävention und positive Generalprävention setzen. Zwar sind generalpräventive Wirkungen von Strafverhängungen nicht für alle Deliktstypen zu erwarten, aber dies ist kein Grund, derartige Erklärungen aus der Straftheorie kategorisch auszuschließen. Erforderlich ist es aber, in eine vollständige Straftheorie einen anderen Aspekt zu integrieren: das berechtigte Interesse von Straftatopfern an einem nicht trivialen, d.h. durch Übelszufügung verstärkten Unwerturteil.

6. Den berechtigten Interessen von Opfern ist in der Straftheorie mehr Gewicht einzuräumen. Die Notwendigkeit von Prävention durch staatliche Strafe wird umso schwieriger zu begründen, je näher Rechtsnormen bei moralischen Normen liegen, deren Geltung gut gesichert ist, und je mehr bei den Tätern trieb- und affektgesteuertes Verhalten zu erwarten ist.

VI. Zusammenfassung: Thesen

Verhaltensweisen, für die dies gilt (schwere Verletzungen der körperlichen Integrität, Sexualdelikte), sind typischerweise solche, bei denen opferorientierte expressive Ziele von besonderer Bedeutung sind. Durch die Verhängung einer Strafe sind erstens reaktive Emotionen aufzufangen, da es im Allgemeininteresse liegt, dass Opfer weder selbst Vergeltung üben noch sich enttäuscht zurückziehen. Zweitens haben Opfer nach einer Verletzung ihres Abwehrrechts gegen unrechtmäßige Eingriffe anderer einen Anspruch darauf, dass der Staat für den konkreten Fall die Trennlinie zwischen Recht und Unrecht bestätigt und präzisiert. Es ist deshalb bei erheblichen Taten gegen die Person ein Recht auf effektive staatliche Strafverfolgung anzuerkennen, so nunmehr auch das Bundesverfassungsgericht.

7. Opferorientierte expressive Begründungen sind auch gegenüber den Tätern legitim. Gibt das Unwerturteil die Grenzen zwischen Recht und Unrecht korrekt wieder, so kann der Täter dagegen keine Einwände erheben, und zwar auch dann nicht, wenn das Unwerturteil durch Strafverhängung ausgedrückt, also mit einer Freiheitseinbuße verbunden wird.

8. Auf Generalprävention verweisende Elemente in Straftheorien stellen höhere Anforderungen an die Legitimation der Freiheitseinbuße gegenüber dem zu Bestrafenden. Im Ergebnis können Straftäter es aber in einem Verantwortungsdialog nicht als unfair beanstanden, dass sie aus präventiven Gründen eine Freiheitseinbuße hinnehmen müssen, da sie sich vorhalten

lassen müssen, von der Normkonformität anderer selbst auch zu profitieren.

9. Eine Straftheorie, die mit einem *einzigen Grundgedanken* auskommt, kann nicht in überzeugender Weise entwickelt werden (Stratenwerth 1995, S. 20 ff.; Gardner 1998, S. 75). Schon bei der Frage nach dem Strafzweck ist eine eindimensionale Antwort unzureichend, und es ist in weiteren Schritten außerdem die Legitimation gegenüber den Betroffenen zu begründen. Auch wenn das Bedürfnis nach der Überschaubarkeit einer „axiologisch geschlossenen" Theorie (Pawlik 2004a, S. 53) nachvollziehbar sein mag, müssen Versuche, eine solche zu begründen, mit Einbußen bei der Überzeugungskraft erkauft werden. Kombinationen unterschiedlicher Begründungsansätze sind unvermeidbar, um der Heterogenität der Verhaltensweisen, die als Straftat markiert werden, den unterschiedlichen Zeitperspektiven (proaktiv bei den Strafnormen, retroaktiv bei der Strafverhängung) und der Heterogenität unterschiedlicher, aber legitimer gesellschaftlicher wie individueller Interessen bei der Reaktion auf Straftaten soweit wie möglich gerecht zu werden. Überlegungen zur Straftheorie liefern Mosaiksteine, die in Abhängigkeit vom jeweils zu beurteilenden strafbaren Verhalten zu unterschiedlichen Bildern zusammengesetzt werden müssen.

Literaturverzeichnis

Andrissek, Tobias, Vergeltung als Strafzweck. Empirisch-soziologische Begründung und kriminalpolitische Folgerungen, Tübingen 2017.

Ashworth, Andrew, Was ist positive Generalprävention? Eine kurze Antwort, in: Bernd Schünemann/Andrew von Hirsch/Nils Jareborg (Hrsg.), Positive Generalprävention, Heidelberg 1998, 65.

Bastelberger, Marcus, Die Legitimität des Strafrechts und der „moralische Staat". Utilitaristische und retributivistische Strafrechtsbegründung und die rechtliche Verfassung der Freiheit, Frankfurt a. M. 2006.

Baurmann, Michael, Vorüberlegungen zu einer empirischen Theorie der positiven Generalprävention, GA 1994, 368.

Becchi, Paolo, Vergeltung und Prävention, ARSP 88 (2002), 549.

Binding, Karl, Die Normen und ihre Übertretung, Band 1, 3. Aufl., Leipzig 1916.

Birr, Christiane, „Kriminalstrafe ist öffentliche Rache". Beobachtungen zum Strafgedanken in der juristischen Literatur der Frühen Neuzeit, in: Eric Hilgendorf/Jürgen Weitzel (Hrsg.), Der Strafgedanke in seiner historischen Entwicklung, Berlin 2007, 59.

Bottoms, Anthony/von Hirsch, Andrew, The Crime-Preventive Impact of Penal Sanctions, in: Peter Cane/Herbert Kritzer (Hrsg.), The Oxford Handbook of Empirical Legal Studies, Oxford 2010, 96.

Bung, Jochen, Zweites Opferrechtsreformgesetz: Vom Opferschutz zur Opferermächtigung, StV 2009, 430.

Burgi, Martin, Vom Grundrecht auf Sicherheit zum Grundrecht auf Opferschutz, in: Otto Depenheuer u. a. (Hrsg.), Festschrift für Josef Isensee, Heidelberg u. a. 2007, 655.

Byrd, Sharon B./Hruschka, Joachim, Kant zu Strafrecht und Strafe im Rechtsstaat, JZ 2007, 957.

Calliess, Rolf-Peter, Die Strafzwecke und ihre Funktion, in: Guido Britz u. a. (Hrsg.), Grundfragen des staatlichen Strafens, Festschrift für Heinz Müller-Dietz, München 2001, 99.

Dölling, Dieter, Zur spezialpräventiven Aufgabe des Strafrechts, in: ders. (Hrsg.), Festschrift für Ernst-Joachim Lampe, Berlin 2003, 597.

Duff, R. A., Punishment, Communication and Community, New York 2001.

Ders., Prävention oder Überredung?, in: Bernd Schünemann u. a. (Hrsg.), Positive Generalprävention, Heidelberg 1998, 181.

Ders., Trials and Punishments, Cambridge 1986.

Ellscheid, Günter, Zur Straftheorie von Antony Duff, in: Henning Radtke u. a. (Hrsg.), Muss Strafe sein? Kolloquium zum 60. Geburtstag von Heike Jung, Baden-Baden 2004, 25.

Engländer, Armin, Revitalisierung der materiellen Rechtsgutslehre durch das Verfassungsrecht?, ZStW 127 (2015), 616.

Feijoo Sánchez, Bernhardo, Positive Generalprävention. Gedanken zur Straftheorie Günther Jakobs', in: Michael Pawlik/Rainer Zaczyk (Hrsg.), Festschrift für Günther Jakobs, Köln 2007, 75.

von Feuerbach, Paul Johann Anselm/Mittermaier, Karl Joseph Anton, Lehrbuch des gemeinen in Deutschland gültigen peinlichen Rechts, 14. Aufl., Giessen 1847.

Literaturverzeichnis

Freund, Georg, Strafrecht Allgemeiner Teil, 2. Aufl., Berlin, Heidelberg 2009.

Frisch, Wolfgang, Straftheorie, Straftat und Strafzumessung im gesamten Strafrechtssystem, in: Christian Fahl u.a. (Hrsg.), Festschrift für Werner Beulke, Heidelberg 2015, 103.

Ders., Strafkonzept, Strafzumessungstatsachen und Maßstäbe der Strafzumessung in der Rechtsprechung des Bundesgerichtshofs, in: Claus Roxin/Gunter Widmaier (Hrsg.), 50 Jahre Bundesgerichthof. Festgabe aus der Wissenschaft, Band IV, München 2000, 269.

Ders., Schwächen und berechtigte Aspekte der Theorie der positiven Generalprävention, in: Bernd Schünemann u.a. (Hrsg.), Positive Generalprävention, Heidelberg 1998, 125.

Frister, Helmut, Strafrecht Allgemeiner Teil, 7. Aufl., München 2015.

Gardner, John, Bemerkungen zu den Funktionen und Rechtfertigungen von Strafrecht und Strafe, in: Bernd Schünemann u.a. (Hrsg.), Positive Generalprävention, Heidelberg 1998, 125.

Gärditz, Klaus Ferdinand, Strafbegründung und Demokratieprinzip, Der Staat 49 (2010), 331.

Gómez-Jara Diéz, Carlos, Die Strafe: Eine systemtheoretische Betrachtung, Rechtstheorie 36 (2005), 321.

Greco, Luís, Lebendiges und Totes in Feuerbachs Straftheorie: Ein Beitrag zur gegenwärtigen strafrechtlichen Grundlagendiskussion, Berlin 2009.

Günther, Klaus, Die symbolisch-expressive Bedeutung der Strafe, in: Cornelius Prittwitz u.a. (Hrsg.), Festschrift für Klaus Lüderssen, Baden-Baden 2002, 205.

Ders., Freiheit und Schuld in den Theorien der positiven Generalprävention. Ein Beitrag zur normativen Kritik, in: Bernd Schünemann u.a. (Hrsg.), Positive Generalprävention, Heidelberg 1998, 153.

Haffke, Bernhard, Tiefenpsychologie und Generalprävention, Aarau u. a. 1976.

Hamel, Roman, Strafen als Sprechakt. Die Bedeutung der Strafe für das Opfer, Berlin 2009.

Hampton, Jean, An Expressive Theory of Retribution, ARSP Beiheft 47 (1992), 1.

Hart, H. L. A., Punishment and Responsibility. Essays in the Philosophy of Law, Oxford 1968.

Hassemer, Winfried, Strafen im Rechtsstaat, Baden-Baden 2000.

Ders., Variationen der positiven Generalprävention, in: Bernd Schünemann u. a. (Hrsg.), Positive Generalprävention, Heidelberg 1998, 29.

Hassemer, Winfried/Neumann, Ulfrid, Vor § 1, in: Urs Kindhäuser u. a. (Hrsg.), Nomos-Kommentar zum StGB, Band 1, 4. Aufl., Baden-Baden 2013.

Hassemer, Winfried/Reemtsma, Jan Philipp, Verbrechensopfer. Gesetz und Gesetzlichkeit, München 2002.

Hegel, Georg Wilhelm Friedrich, Grundlinien der Philosophie des Rechts, 1821, in: Werke Bd. 7, Frankfurt 1986.

von Hirsch, Andrew, Fairness, Verbrechen und Strafe: Strafrechtstheoretische Abhandlungen, Berlin 2005.

Ders., Censure and Sanctions, Oxford 1993.

Hobbes, Thomas, Leviathan, 1651, dt. Übersetzung von Jacob Peter Mayer, Stuttgart 1970.

Hoerster, Norbert, Aktuelles in Arthur Schopenhauers Philosophie der Strafe, ARSP 58 (1972), 555.

Ders., Zur Generalprävention als dem Zweck staatlichen Strafens, GA 1970, 272.

Hörnle, Tatjana, Claus Roxins straftheoretischer Ansatz, in: Manfred Heinrich u. a. (Hrsg.), Festschrift für Claus Roxin zum 80. Geburtstag, Berlin 2011, 3.

Dies., Die Rolle des Opfers in der Straftheorie und im materiellen Strafrecht, JZ 2006, 950.

Dies., Grob anstößiges Verhalten. Strafrechtlicher Schutz von Moral, Gefühlen und Tabus, Frankfurt 2005.

Dies., Tatproportionale Strafzumessung, Berlin 1999.

Hörnle, Tatjana/von Hirsch, Andrew, Positive Generalprävention und Tadel, GA 1995, 249.

Holz, Winfried, Justizgewähranspruch des Verbrechensopfers, Berlin 2007.

Hoyer, Andreas, Strafrechtsdogmatik nach Armin Kaufmann. Lebendiges und Totes in Armin Kaufmanns Normentheorie, Berlin 1996.

Huster, Stefan, Die ethische Neutralität des Staates. Eine liberale Interpretation der Verfassung, Tübingen 2002.

Jakobs, Günther, Norm, Person, Gesellschaft. Vorüberlegungen zu einer Rechtsphilosophie, 3. Aufl., Berlin 2008.

Ders., Strafrecht Allgemeiner Teil, 2. Aufl., Berlin u. a. 1991.

Kant, Immanuel, Die Metaphysik der Sitten, 1797, Werkausgabe in zwölf Bänden, hrsg. von Wilhelm Weischedel, Frankfurt a. M. 1977.

Kaspar, Johannes, Verhältnismäßigkeit und Grundrechtsschutz im Präventionsstrafrecht, Baden-Baden 2014.

Kaufmann, Arthur, Dogmatische und kriminalpolitische Aspekte des Schuldgedankens im Strafrecht, JZ 1967, 553.

Kelsen, Hans, Reine Rechtslehre, 1. Aufl., Leipzig 1934.

Kleinig, John, Punishment and Moral Seriousness, Israel Law Review 25 (1991), 401.

Klug, Ulrich, Abschied von Kant und Hegel, in: Jürgen Baumann (Hrsg.), Programm für ein neues Strafgesetzbuch. Der Alternativ-Entwurf der Strafrechtslehrer, 1968, S. 36; abgedr. in: Thomas Vormbaum (Hrsg.), Texte zur Strafrechtstheorie der Neuzeit, Band II, Baden-Baden 1998, 275.

Köhler, Michael, Strafrecht Allgemeiner Teil, Berlin u. a. 1997.

Koriath, Heinz, Zum Streit um die positive Generalprävention – Eine Skizze, in: Henning Radtke u. a. (Hrsg.), Muss

Strafe sein? Kolloquium zum 60. Geburtstag von Heike Jung, Baden-Baden 2004, 49.

Kudlich, Hans, Die Relevanz der Rechtsgutstheorie im modernen Verfassungsstaat, ZStW 127 (2015), 635.

Küpper, Georg, Schopenhauers Straftheorie und die aktuelle Strafzweckdiskussion, Schopenhauer-Jahrbuch 76 (1990), 207.

Kuhlen, Lothar, Anmerkungen zur positiven Generalprävention, in: Bernd Schünemann u. a. (Hrsg.), Positive Generalprävention, Heidelberg 1998, 55.

Kunz, Karl-Ludwig, Muss Strafe wirklich sein? Einige Überlegungen zur Beantwortbarkeit der Frage und zu den Konsequenzen daraus, in: Henning Radtke u. a. (Hrsg.), Muss Strafe sein? Kolloquium zum 60. Geburtstag von Heike Jung, Baden-Baden 2004, 71.

Lampe, Ernst-Joachim, Strafphilosophie. Studien zur Strafgerechtigkeit, Köln u. a. 1999.

Lehrer, Jonah, The Decisive Moment. How the Brain makes up its Mind, Edinburgh u. a. 2009.

Leyendecker, Natalie Andrea, (Re-)Sozialisierung und Verfassungsrecht, Berlin 2002.

Liszt, Franz von, Der Zweckgedanke im Strafrecht, ZStW 3 (1883), 1.

Loughran, Thomas A./Paternoster, Ray/Chalfin, Aaron/Wilson, Theodore, Can Rational Choice Be Considered a General Theory of Crime? Evidence from Individual-Level Panel Data, Criminology 54 (2016), 86.

Lüderssen, Klaus, Muss Strafe sein? Das Strafrecht auf dem Weg in die Zivilgesellschaft, in: Felix Herzog/Ulfrid Neumann (Hrsg.), Festschrift für Winfried Hassemer, Heidelberg 2010, 467.

Ders., Opfer im Zwielicht, in: Thomas Weigend/Georg Küpper (Hrsg.), Festschrift für Hans Joachim Hirsch, Berlin u. a. 1999, 879.

Literaturverzeichnis

Ders., Abschaffen des Strafens?, Frankfurt 1995.

Luhmann, Niklas, Positivität des Rechts als Voraussetzung einer modernen Gesellschaft, Jahrbuch für Rechtssoziologie und Rechtstheorie 1 (1970), 175.

Maurach, Reinhart, Strafrecht Allgemeiner Teil, 4. Aufl., Karlsruhe 1971.

Momsen, Carsten/Rackow, Peter, Die Straftheorien, JA 2004, 336.

Moore, Michael, Placing Blame. A General Theory of the Criminal Law, Oxford 1997.

Morris, Herbert, On Guilt and Innocence. Essays in Legal Philosophy and Moral Psychology, Berkeley u.a. 1976.

Morselli, Elio, Vergeltung – eine tiefenpsychologische Kategorie der Strafe?, ARSP 87 (2001), 221.

Mosbacher, Andreas, Kants präventive Straftheorie, ARSP 90 (2004), 210.

Murphy, Jeffrie G., Getting Even: The Role of the Victim, Social Philosophy & Policy 7 (1990), 209 (1990a).

Ders., Hatred: A Qualified Defense, in: Jean Hampton/Jeffrie Murphy, Forgiveness and Mercy, Cambridge 1990, 88 (1990b).

Ders., Retribution, Justice, and Therapy. Essays in the Philosophy of Law, Dordrecht u.a. 1979.

Naucke, Wolfgang, Die Kriminalpolitik des Marburger Programms 1882, ZStW 94 (1982), 525.

Neumann, Ulfrid, Institutionen, Zweck und Funktion staatlicher Strafe, in: Michael Pawlik/Rainer Zaczyk (Hrsg.), Festschrift für Günther Jakobs, Köln 2007, 435.

Ders., Normative Kritik der Theorie der positiven Generalprävention, in: Bernd Schünemann u.a. (Hrsg.), Positive Generalprävention, Heidelberg 1998, 147.

Ders., Zurechnung und „Vorverschulden". Vorstudien zu einem dialogischen Modell strafrechtlicher Zurechnung, Berlin 1985.

Neumann, Ulfrid/Schroth, Ulrich, Neuere Theorien von Kriminalität und Strafe, Darmstadt 1980.

Niemz, Susanne, Evaluation sozialtherapeutischer Behandlung im Justizvollzug, Wiesbaden 2015.

Pawlik, Michael, Strafbegründung im Anschluss an Claus Roxin, GA 2006, 345.

Ders., Person, Subjekt, Bürger. Zur Legitimation von Strafe, Berlin 2004 (2004a).

Ders., Kritik der präventionstheoretischen Strafbegründungen, in: Klaus Rogall u.a. (Hrsg.), Festschrift für Hans-Joachim Rudolphi, Neuwied 2004, 213 (2004b).

Pérez-Barbera, Gabriel, Probleme und Perspektiven der expressiven Straftheorie, GA 2014, 504.

Pius XII, Die Schuldvergeltung als metaphysisches Strafziel, in: Norbert Hoerster (Hrsg.), Recht und Moral. Texte zur Rechtsphilosophie, Stuttgart 1987, 218.

Prittwitz, Cornelius, Positive Generalprävention und „Recht des Opfers auf Bestrafung des Täters"?, Sonderheft KritV für Winfried Hassemer zum sechzigsten Geburtstag, 2000, 162.

Pogarsky, Greg/Roche, Sean Patrick/Pickett, Justin T., Heuristics and Biases, Rational Choice, and Sanction Perceptions, Criminology 55 (2017), 85.

Popitz, Heinrich, Über die Präventivwirkung des Nichtwissens, Tübingen 1968.

Reemtsma, Jan Philipp, Das Rechts des Opfers auf die Bestrafung des Täters – als Problem, München 1999.

Ders., Im Keller, Reinbek 1998.

Rengier, Rudolf, Strafrecht Allgemeiner Teil, 8. Auflage, München 2016.

Renzikowski, Joachim, Normentheorie als Brücke zwischen Strafrechtsdogmatik und Allgemeiner Rechtslehre, ARSP 87 (2001), 110.

Rössner, Dieter, Evidenzbasierte Kriminalprävention als

Grundlage zweckrationaler Legitimation der Strafe, in: René Bloy u.a. (Hrsg.), Festschrift für Manfred Maiwald, Berlin 2010, 701.

Ders., Die besonderen Aufgaben des Strafrechts im System rechtsstaatlicher Verhaltenskontrolle, in: Bernd Schünemann u.a. (Hrsg.), Festschrift für Claus Roxin, Berlin 2001, 977.

Roxin, Claus, Prävention, Tadel und Verantwortung, GA 2015, 185.

Ders., Strafe und Strafzwecke in der Rechtsprechung des Bundesverfassungsgerichts, in: Winfried Hassemer u.a. (Hrsg.), In dubio pro libertate. Festschrift für Klaus Volk, München 2009, 601.

Ders., Strafrecht Allgemeiner Teil, Band I, 4. Aufl., München 2006.

Ders., Wandlungen der Strafzwecklehre, in: Guido Britz u.a. (Hrsg.), Grundfragen des staatlichen Strafens, Festschrift für Heinz Müller-Dietz, München 2003, 701.

Scanlon, Thomas M., The significance of choice, in: Sterling M. McMurrin (Hrsg.), The Tanner Lectures on Human Values VIII, Salt Lake City 1988, 151.

Schiemann, Carolin Fleury, Die Berücksichtigung von Opferinteressen in der Straftheorie, Hamburg 2015.

Schild, Wolfgang, Verbrechen und Strafe in der Rechtsphilosophie Hegels und seiner „Schule" im 19. Jahrhundert, ZRph 2003, 30.

Schmidhäuser, Eberhard, Vom Sinn der Strafe, Nachdruck der Aufl. von 1971, Berlin 2004.

Schmidtchen, Dieter, Prävention und Menschenwürde. Kants Instrumentalisierungsverbot im Lichte der ökonomischen Theorie der Strafe, in: Dieter Dölling (Hrsg.), Festschrift für Ernst-Joachim Lampe, Berlin 2003, 245.

Schneider, Hendrik, Kann die Einübung in Normanerkennung die Strafrechtsdogmatik leiten? Eine Kritik des strafrechtlichen Funktionalismus, Berlin 2004.

Schopenhauer, Arthur, Die Welt als Wille und Vorstellung, 1819, Band I, in: Werke in zehn Bänden, Zürcher Ausgabe, Zürich 1977.

Schünemann, Bernd, Aporien der Straftheorie in Philosophie und Literatur, in: Cornelius Prittwitz u.a. (Hrsg.), Festschrift für Klaus Lüderssen, Baden-Baden 2002, 327.

Ders., Zum Stellenwert der positiven Generalprävention in einer dualistischen Straftheorie, in: Bernd Schünemann u.a. (Hrsg.), Positive Generalprävention, Heidelberg 1998, 109.

Ders., Plädoyer für eine neue Theorie der Strafzumessung, in: Albin Eser/Karin Cornils (Hrsg.), Neuere Tendenzen der Kriminalpolitik, Freiburg 1987, 209.

Seelmann, Kurt, Schwierigkeiten der Alternativendebatte im Strafrecht, in: Henning Radtke u.a. (Hrsg.), Muss Strafe sein? Kolloquium zum 60. Geburtstag von Heike Jung, Baden-Baden 2004, 151.

Ders., Anerkennungsverlust und Selbstsubsumtion. Hegels Straftheorien, Freiburg, München 1995.

Ders., Vertragsmetaphern zur Legitimation des Strafens im 18. Jahrhundert, in: Michael Stolleis u.a. (Hrsg.), Festschrift für Sten Gagnér, München 1991, 441.

Stratenwerth, Günter, Was leistet die Lehre von den Strafzwecken?, Berlin 1995.

Strawson, Peter, Freedom and Resentment, in: ders., Freedom and Resentment and Other Essays, London 1974, 1.

Streng, Franz, Die Wirksamkeit strafrechtlicher Sanktionen – Zur Tragfähigkeit der Austauschbarkeitsthese, in: Friedrich Lösel u.a. (Hrsg.), Kriminologie und wissensbasierte Kriminalpolitik: Entwicklungs- und Evaluationsforschung, Mönchengladbach 2007, 65.

Ders., Schuld, Vergeltung, Generalprävention. Eine tiefenpsychologische Rekonstruktion strafrechtlicher Zentralbegriffe, ZStW 92 (1980), 637.

Tadros, Victor, The Ends of Harm. The Moral Foundations of Criminal Law, Oxford 2011.

Tasioulas, John, Punishment and Repentance, Philosophy 81 (2006), 279.

Vidmar, Neil, Retribution and Revenge, in: Joseph Sanders/V. Lee Hamilton (Hrsg.), Handbook of Justice Research, New York u. a. 2001, 31.

Walter, Tonio, Strafe und Vergeltung – Rehabilitation und Grenzen eines Prinzips, Baden-Baden 2016.

Ders., Vergeltung als Strafzweck. Prävention und Resozialisierung als Pflichten der Kriminalpolitik, ZIS 2011, 636.

Walther, Susanne, Was soll „Strafe"?, ZStW 111 (1999), 123.

Weigend, Thomas, Alle sind sich einig – und das Opfer? Der Verletzte beim konsensualen Abschluss des Strafverfahrens, in: Christoph Safferling u. a. (Hrsg.), Festschrift für Franz Streng, Heidelberg 2017, 781.

Ders., Kommentar zu Tatjana Hörnle, Gegenwärtige Strafbegründungstheorien, in: Kurt Seelmann/Andrew von Hirsch (Hrsg.), Hegel und die Straftheorie, Baden-Baden 2011, 31.

Ders., „Die Strafe für das Opfer?" – Zur Renaissance des Genugtuungsgedankens im Straf- und Strafverfahrensrecht, Rechtswissenschaft 1 (2010), 40.

Ders., Der Grundsatz der Verhältnismäßigkeit als Grenze staatlicher Strafgewalt, in: Thomas Weigend/Georg Küpper (Hrsg.), Festschrift für Hans Joachim Hirsch, Berlin u. a. 1999, 917.

Weitzel, Jürgen, Der Strafgedanke im frühen Mittelalter, in: Eric Hilgendorf/Jürgen Weitzel (Hrsg.), Der Strafgedanke in seiner historischen Entwicklung, Berlin 2007, 21.

Wilms, Heinrich, Das Vergeltungsprinzip bei Immanuel Kant, ZRph 2005, 72.

Zaczyk, Rainer, Zur Begründung der Gerechtigkeit menschlichen Strafens, in: Jörg Arnold u. a. (Hrsg.), Festschrift für Albin Eser, München 2005, 207.

Zimmermann, Florian, Verdienst und Vergeltung, Tübingen 2012.

Zürcher, Tobias, Legitimation von Strafe. Die expressiv-kommunikative Straftheorie zur Rechtfertigung von Strafe, Tübingen 2014.